Santos

vidas ejemplares

Noemí Marcos Alba

LIBSA

© 2024, Editorial LIBSA
C/ Puerto de Navacerrada, 88
28935 Móstoles (Madrid)
Tel. (34) 91 657 25 80
e-mail: libsa@libsa.es
www.libsa.es

ISBN: 978-84-662-4321-6

TEXTOS: Noemí Marcos Alba
EDICIÓN: equipo editorial LIBSA
DISEÑO DE CUBIERTA: equipo de diseño LIBSA
MAQUETACIÓN: Pilar Bermejo y equipo de maquetación LIBSA
DOCUMENTACIÓN Y FOTOGRAFÍAS: archivo LIBSA

DL: M 3481-2024

PRESENTACIÓN

La historia de la Iglesia es, en gran medida, la de aquellos hombres y mujeres que abrazaron su fe con heroísmo, convirtiéndose en ejemplo de aquello que predicó Jesucristo. Por ello, la vida de los santos es para todos un modelo a seguir, ya que su historia señala a cualquier persona, sea o no cristiana, el camino que lleva hacia la coherencia y la paz interior; al altruismo y a la bondad, a encontrar en el prójimo a un hermano y a sacrificarse y luchar por aquello en lo que se cree. Para San Pablo, ser santo era alcanzar la plena madurez, la completa realización, y a ello cabría añadir la felicidad, porque lo que les espera tras esta vida es la bienaventuranza eterna. Para los cristianos, el conocimiento de lo que han hecho los santos en su paso por la Tierra cobra mayor importancia porque es la fe y el amor a Dios lo que ha dado sentido a sus vidas y lo que subyace tras la gigantesca fuerza moral y valor de quienes hoy están en los altares. La profunda creencia en Dios y en la Palabra divina es lo que les ha impulsado a aceptar a muchos de ellos un inmerecido martirio, un sufrimiento inenarrable que han sabido afrontar con entereza entendiendo que, tras las alegrías y penurias de esta vida, espera al alma una existencia eterna y plena de gozo junto al Señor.

En los primeros siglos del cristianismo, los santos eran proclamados por el pueblo y así se les rendía culto y se les consideraba intercesores ante Dios o ante la Virgen. Más tarde, fueron los obispos quienes designaron como santos a las personas de su diócesis que hubieran dado pruebas excepcionales de las virtudes cristianas y les adjudicaban un día de fiesta.

A finales del siglo x, el sistema cambió por completo; la canonización de una persona se convirtió en un proceso minuciosamente analizado por clérigos competentes. El primer hombre que fue canonizado de este modo fue Ulrico de Augsburgo y la primera mujer, santa Wiborada. En el año 1234, la Iglesia decidió que la canonización era un derecho exclusivo del papado. El 2 de enero de 1588, el papa Sixto V creó la Sagrada Congregación de los Ritos, institución destinada a regular el ejercicio del culto divino y de estudiar la vida y obra de quienes habían sido postulados para la beatificación y posterior canonización.

Por medio de la Constitución Apostólica Sacra Rituum Congregatio, del 8 de mayo de 1969, el papa Pablo VI dividió la Congregación de los Ritos dando con ello lugar a dos congregaciones diferentes: una destinada a lo que atañe al culto divino y la otra, a la Causa de los Santos. La beatificación de una persona requiere, además de la vida ejemplar que pudo haber tenido, la realización de un milagro. Sin embargo, este requisito no es indispensable en caso de que haya padecido el martirio. Tras la beatificación, se espera otro milagro que se atribuye a la intercesión del beato ante Dios. Si éste se cumple, puede procederse al proceso de canonización que le convertirá en santo.

En este libro se relatan los hechos sobresalientes de personas que, como el patriarca Abraham, no son exactamente santos, porque no han sido canonizados al haber nacido antes de la era cristiana. No obstante, sí han sido modelo para su pueblo y para toda la cristiandad, porque han observado fielmente la ley de Dios. Los primeros santos son los doce apóstoles, ya que son los que primero siguieron las enseñanzas de Jesús.

En esta obra se ha intentado mostrar la mayor variedad de opciones posibles que llevan a la santidad con el objeto de hacer constar que, para alcanzarla, no es condición imprescindible el dedicar la vida a Dios en un monasterio ni hacerse sacerdote. Son muchos los seglares que están merecidamente en los altares porque han vivido en la fe y el amor de Dios y porque hay constancia de que han producido milagros. Se muestran también algunos santos de vida disoluta en sus comienzos a los que Dios y la Iglesia siempre tuvieron las puertas abiertas como pecadores arrepentidos, ya que nunca es tarde para iniciar la senda que nos lleva a la santidad. Hay santos que no llevaron una vida de ascetismo o de estrecheces, como algunos reyes y reinas que tuvieron una vida mucho más acomodada, pero que hoy están en los altares por haber elegido el camino correcto sin abandonar su posición.

Habiendo producido milagros y siendo intercesores especialmente válidos ante el Señor, muchos de los santos extienden su manto protector sobre diferentes profesiones, sobre distintas ciudades o países o sobre quienes viven situaciones especialmente dolorosas, como puede ser el caso de una grave enfermedad. En cada uno de los que se presentan en este libro se muestra el día dedicado a su fiesta, el patronazgo que la tradición o la Iglesia le han adjudicado, así como la oración u oraciones creadas con el fin de que los fieles les invoquen o les rindan culto, además de una pequeña biografía que pretende difundir el ejemplo de hombres y mujeres que han alcanzado la santidad para que, a través de su lectura, puedan encontrarse claves que permitan un acercamiento a Dios y una consolidación de la fe.

San Antonio Abad

Patrón de los campesinos y de los animales
Fiesta el 17 de enero

San Antonio Abad nació en el Alto Egipto, alrededor del año 250. Siendo aún muy joven sintió la llamada de Jesucristo el día que escuchó en una misa: «Si quieres ser perfecto, vende todo lo que tienes y da el dinero a los pobres». Siguiendo este consejo, a la muerte de sus padres, se despojó de todas sus pertenencias, entregó a su hermana a las vírgenes consagradas y comenzó su vida como ermitaño. Aunque vivió en el desierto, supo armonizar el retiro espiritual con el contacto con los enfermos y los perseguidos, a los que brindó siempre su ayuda. Sus milagros son incontables. La tradición cuenta que, cierta vez, una hembra de jabalí ciega le mostró sus desamparados cachorros. San Antonio, siempre compasivo ante el sufrimiento de todo ser vivo, le devolvió la vista. Desde ese momento todos los animales le siguieron. Falleció a los 105 años cerca del mar Rojo, en el monte Colzim. Sus anécdotas están narradas en los Apotegmas del desierto.

Oración

Señor, te ruego que por intercesión de San Antonio Abad,
tengas piedad de los hombres que, por ignorancia, maltratan a los animales.
Señor, ten piedad de los animales domésticos que son entregados sin defensa a la
crueldad humana. Señor, ten piedad del león, el tigre, el mono, el elefante y otras
especies que son capturados para ser llevados a circos y a zoos; dales a todos ellos un
lugar seguro en su hábitat. Señor, ten piedad de los animales de granja que crecen
dentro de inhóspitos habitáculos, así como de aquellos animales que son llevados
al matadero; acógelos en su dolor. Señor, ten piedad. Amén.

San Sebastián

Patrón de los arqueros y los soldados
Fiesta el 20 de enero

San Sebastián nació en Narbona, Francia, en el año 256. De niño, se trasladó con su familia a Milán, donde ingresó en el ejército romano de Maximiano. Allí ejerció de capitán de la primera corte de la guardia pretoriana. El ejército romano era pagano y perseguía a los cristianos, pero eso no impidió que Sebastián ayudase a los cristianos que sufrían persecución. Fiel a Jesucristo, nunca veneró a otro hombre ni deidad, después de varios años ocultando su consagración, fue delatado por un apóstata celoso de su valía. Sin embargo, Sebastián tuvo el coraje de proclamarse cristiano ante el mismo emperador Maximiano quien lo condenó a muerte.

Soportó el martirio con entereza; los verdugos atravesaron su cuerpo con docenas de saetas y luego lo abandonaron creyéndolo muerto. Una dama romana llamada Irene mandó recoger el cadáver para que recibiese sepultura, pero los criados comprobaron que Sebastián aún vivía. Irene curó sus heridas. Una vez recobrada la salud, el santo se presentó ante el emperador para reprochar sus acciones contra los fieles de Cristo. Nuevamente, fue apresado y, esta vez, fue apaleado hasta morir. El pueblo pagano arrojó su cadáver a una cloaca para evitar que los fieles lo enterrasen dignamente. No obstante, San Sebastián se le apareció en sueños a Lucina, una mujer muy piadosa, para indicarle su paradero y pedirle que lo enterrasen en las catacumbas de la Via Appia.

Se le atribuyen milagros ocurridos contra la peste. El primero tuvo lugar estando Roma azotada por una gran epidemia: bastó que se erigiera un altar dedicado a San Sebastián para que, milagrosamente, dejaran de producirse nuevos casos.

Oración

Dios y Señor, que a vuestro mártir San Sebastián fortificasteis en la fe,
que por ningunas carnales promesas, amenazas, tormentos, ni saetas pudo
ser de ella movido o separado, humildemente os rogamos que por sus dignos
merecimientos, en nuestras tribulaciones tengamos ayuda
y en nuestras persecuciones consolación. Amén.

Santa Inés

Patrona de las novias castas y los jardineros
Fiesta el 21 de enero

Santa Inés nació en Roma a finales del siglo III en el seno de una familia noble. Era muy bella y tenía numerosos pretendientes, pero ella solo quería servir al Señor. Cuando el hijo del prefecto de Roma le pidió matrimonio, la muchacha le rechazó alegando que ya se había prometido a Jesucristo. Ofendido, el joven la acusó de cristiana y la mandó detener. Tras el juicio, Inés fue sentenciada a pasar su vida en un prostíbulo. Pero, gracias a la ayuda divina, su cuerpo permaneció intacto. El único hombre que intentó tener trato carnal con ella, quedó ciego. Según las Actas de su martirio, fue obligada a exponerse desnuda ante el pueblo y milagrosamente sus cabellos crecieron hasta tapar su cuerpo.

Tras ser condenada a muerte, en un último intento para quebrar su fe, el verdugo le ordenó que abjurase, pero ella respondió: «Injuria sería para mi Esposo que yo pretendiera agradar a otro. Me entregaré solo a Aquel que primero me eligió. ¿Qué esperas, verdugo? Perezca este cuerpo que puede ser amado por ojos que detesto». Inés, con tan solo doce años de edad, ofreció su cabeza al verdugo. Se cuenta que su cuerpo era tan menudo que resultó imposible amarrarlo al cepo. Sin embargo, ella no opuso resistencia; animada por su fe en Dios. Después de su muerte, una amiga y hermana de leche llamada Emerenciana fue a rezar a su tumba. Llegaron hasta ella los romanos y la muchacha les increpó por haber matado a Inés. La muchedumbre, enfurecida, la mató a pedradas. Su inmolación convirtió a Inés en mártir de la virginidad. En su día, se bendicen los corderos, atributo de la santa, con que se teje el palio arzobispal.

Oración

Dios amantísimo, padre amoroso, Tú que eliges a los más débiles ante el
mundo con el propósito de confundir así a los fuertes, concédeme la gracia
de ser como tu sierva Santa Inés, fiel al amor de tu hijo Jesús que murió
por nosotros en la Cruz, siempre fiel en lo mucho y en lo poco, siempre fiel
en la alegría y en la tristeza, siempre fiel en el estudio y en la diversión.
Haz que por la intercesión de tu mártir Santa Inés y bajo el amparo de la
Virgen María, me mantengas alejado del pecado. Amén.

San Ildefonso

Patrón de Toledo
Fiesta el 23 de enero

A comienzos del siglo VII, Toledo, capital de la Hispania visigoda, dio a luz un hombre que destacó por su elevada fe cristiana: San Ildefonso. Siendo adolescente, huyó de las riquezas de su familia y se educó con su tío, el poeta San Eugenio. Estudió humanidades y filosofía en Sevilla con San Isidoro, y finalmente se retiró al monasterio de Agalia para consagrarse al estudio de Dios. Su trayectoria eclesiástica fue notable: en poco tiempo se convirtió en abad, luego en diácono y, finalmente, asumió el cargo de arzobispo de Toledo.

Los títulos y el reconocimiento como Padre de la Iglesia que le han sido atribuidos son fruto de sus obras literarias, sus colaboraciones en los concilios de Toledo y su ferviente respeto a los asuntos de Dios. Fue un gran devoto de la Virgen María, a quien defendió de la iglesia joviniana que no reconocía su pureza; sus escritos dieron comienzo a la Teología mariana española. Cerca del año de su muerte en 669, tuvo el honor de ver a la Virgen quien, reconociendo su dedicación espiritual, le dio una casulla de parte de su Hijo Jesucristo.

Oración

Dios todopoderoso, que hiciste a San Ildefonso insigne defensor
de la virginidad de María, concede a los que creemos
en este privilegio de la Madre de tu Hijo sentirnos amparados
por su poderosa y materna intercesión.
Por nuestro Señor Jesucristo. Amén.

Santo Tomás de Aquino

Doctor de la Iglesia y patrón de las universidades
Fiesta el 28 de enero

Santo Tomás de Aquino, hijo del conde de Aquino, nació en 1225 en la localidad italiana de Roccasecca. Tras cursar estudios benedictinos, ingresó en contra de la voluntad de su madre en una orden mendicante, los Padres Dominicos, pero su madre lo mantuvo cautivo en el castillo. En 1245 huyó a París, donde cursó Teología en la universidad con San Alberto Magno, filósofo escolástico y dominico quien, refiriéndose a Tomás, predijo ante sus compañeros que «este buey un día llenará el mundo con sus bramidos». Después de viajar con su maestro y ordenarse sacerdote, escribió obras esenciales del pensamiento humano en la misma universidad, donde se doctoró e ingresó como profesor de Teología.

La maestría de Santo Tomás de Aquino sobre los asuntos teológicos más controvertidos de su tiempo resplandeció aún más desde 1260 hasta su muerte, en 1274; desde la plebe hasta los Papas le pedían consejo por su amplio conocimiento universal y su rigurosa interpretación de los conceptos. Dio conferencias y clases y escribió obras fundamentales para la evolución intelectual: logró hacer coincidir la Filosofía aristotélica- la razón- con la Palabra de Dios- la fe.

De sus escritos, todos de un valor inconmensurable para la Edad Moderna, destacan *Summa contra Gentile* y *Summa Theologiae*, descrita esta última en una obra de Alfred G. Mortimer como «el esquema más simple y perfecto de la Teología universal». La doctrina implantada por él, el Tomismo, es la más importante y la más divulgada entre los estudiosos de muy diversas órdenes. En 1323 fue canonizado por el papa Juan XXII, y su cuerpo entregado a sus hermanos dominicos de Toulouse en 1369. Se le otorgó el título de Doctor de la Iglesia en 1563.

Oración

Angélico doctor Santo Tomás, gloria inmortal de la religión, firmísima columna de la Iglesia, varón santísimo y sapientísimo, que por los admirables ejemplos de tu inocente vida fuiste elevado a la cumbre de una perfección consumada, y con tus prodigiosos escritos eres martillo de los herejes, luz de maestros y milagro de sabiduría. ¡Quién supiera hermanar como tú la doctrina con la modestia y la alta inteligencia con la profunda humildad! Amén.

San Pedro Nolasco

Fundador de la Orden de la Madre de Dios de la Merced
Fiesta el 29 de enero

San Pedro Nolasco nació en Barcelona en 1189 y, desde muy joven, se encomendó a la virgen de Montserrat. Se hizo comerciante a fin de emplear su fortuna en el rescate de cristianos cautivos de los musulmanes, y formó un grupo de comerciantes redentores con los cuales salvó a muchos hombres de su trágico destino. Viendo que el dinero se agotaba, creó una cofradía para recoger limosnas, pero las arcas no se llenaban lo suficiente. Ante lo que consideró un fracaso, entró en una etapa de reflexión espiritual y pensó en retirarse a la vida monástica o adentrarse en el desierto pero, antes de decidirse, la Virgen se le manifestó en la noche del 1 al 2 de agosto de 1218 pidiéndole que formase una orden redentora.

El día 10 de ese mismo mes se fundó la redentora Orden de la Madre de Dios de la Merced. La orden hacía expediciones para rescatar cautivos en África. Pedro fue nombrado Superior General de la orden. Falleció en la segunda mitad del siglo XIII y fue santificado en 1628.

Oración

Oh, Señor, que has revestido de la caridad de Cristo a nuestro Padre San Pedro
Nolasco, y por medio de la Virgen María lo has hecho mensajero de amor
y de libertad para los cristianos cautivos, concédenos imitar sus ejemplos
para la liberación de todos los oprimidos
y la edificación de tu Iglesia. Amén.

San Lesmes

San Lesmes nació en 1035 en Loudun, Francia, donde fue bautizado con el nombre de Alleaume. Tras el fallecimiento de sus padres, se retiró del ejército del rey de Francia para dedicarse al servicio de Nuestro Señor; repartió sus bienes entre los más pobres y marchó en peregrinación a Roma. A su regreso, se entregó a la vida contemplativa en el monasterio benedictino de Casa Dei donde se convirtió en abad.

La fama que alcanzó su santidad llegó hasta la casa real del reino de Castilla y León; la reina Doña Constanza de Borgoña, cuyo origen también era francés, pidió al religioso que le ofreciera apoyo a ella y a sus súbditos. En el reino hispano, el nombre de Alleaume cambió fonéticamente hasta adoptar el nombre por el que se conoce hoy al santo. Su valerosa ayuda en la corte encaminó al ejército castellano hacia la reconquista de Toledo, donde cambió la liturgia mozárabe por la latina.

Entre sus trabajos se cuentan la redirección de ríos para evitar la peste, la organización de hospitales y la fundación del monasterio benedictino San Juan Evangelista, en Burgos. En 1097, San Lesmes entró definitivamente en el Reino de los Cielos.

Oración

Señor, por intercesión de San Lesmes, quien protegió al pueblo de las pestes
y de las enfermedades del espíritu, perdóname todas mis ofensas y cúrame
de todos mis resentimientos que pude haber contraído en mi ignorancia.
Líbranos del mal. Amén.

San Blas

Obispo y mártir, protector contra las enfermedades de garganta
Fiesta el 3 de febrero

San Blas nació en la segunda mitad del siglo III en Turquía. Su capacidad para sanar a los enfermos le otorgó gran popularidad, y fue elegido obispo. Sin dejar su cargo de obispo, se instaló en una cueva del monte Argeus y allí levantó su sede episcopal. Vivió en intensa comunión con la naturaleza y entregado a la oración.

El prefecto de Capadocia, llamado Agrícola, envió a sus criados a perseguir a San Blas. Cuando estos llegaron, lo vieron rodeado de fieras salvajes que le guardaban el máximo respeto. Sus biógrafos afirman que el santo procuró siempre dar alivio, no solo a los dolores de los hombres, sino también a los de los animales.

San Blas fue encarcelado y obligado a renegar de su fe, pero él se dedicó a curar a los muchos cristianos que eran compañeros de prisión. Finalmente, el gobernador decretó su muerte. Fue arrojado a un lago pero, milagrosamente, se elevó sobre las aguas y caminó sobre ellas. Invitó a sus amigos a imitarle, invocando a sus dioses paganos, y estos, tras intentarlo, se hundieron. Los verdugos hirieron su cuerpo con los peines utilizados para cardar la lana; por eso San Blas es considerado patrón de los cardadores. Por último, fue decapitado.

Fue un santo muy popular en la Edad Media y en muchos lugares, en su día, los fieles acuden a la iglesia con dos velas en forma de cruz para que sean bendecidas. Con ellas santificadas, se tocan la garganta para evitar las infecciones. Mientras se hallaba preso, le llevaron a un niño que estaba a punto de morir asfixiado porque se le había atravesado una espina en la garganta. Bastó el contacto con las manos del santo para que milagrosamente la espina se desprendiera y el pequeño se curara.

Oración

Haz penitencia; y a fin de que esta penitencia te sea más útil, busca la soledad
a ejemplo de San Blas. Evita las ocasiones en las que te acuerdas que has ofendido
a Dios, no sea que a las mismas causas sigan los mismos efectos. Amén.

Santa Águeda

Patrona de las mujeres y protectora de los daños del fuego
Fiesta el 5 de febrero

Santa Águeda nació a mediados del siglo III en Catania, Sicilia. Cristiana desde la cuna, deseaba mantener su castidad, pero tuvo la desgracia de llamar la atención del senador Quintiano quien, ante su rechazo, la castigó con el martirio. Quintiano la arrastró hasta una casa de mancebía para destruir su reputación de santidad pero Águeda, ayudada por Dios, partió libre de pecado. Entonces, el senador hizo que le arrancaran los pechos con tenazas, pero un ángel devolvió las formas naturales a su cuerpo. Fue conducida a la hoguera, donde pereció dando gracias a Dios por acogerla en su seno.

Un año después de su muerte, el volcán Etna entró en erupción y los habitantes salieron en procesión con sus reliquias para que les salvasen del peligro. La lava se detuvo, otorgando a la santa el título de protectora contra los daños del fuego.

Oración

Señor, Creador mío, desde la cuna me has protegido siempre, me has apartado del mal del mundo y me has dado paciencia para sufrir; por favor recibe esta oración como prueba de resignación y a la vez esperanza, y escucha mi súplica.
Oh, Dios, que entre otras maravillas de tu poder, supiste dar fuerzas aún al sexo más frágil para conseguir la victoria del martirio, concédenos la gracia de que celebrando la victoria de tu virgen y mártir Santa Águeda, caminemos hacia ti, por la imitación de sus ejemplos. Haz que conservemos la integridad como buenos cristianos ante las difíciles pruebas.
Por Jesucristo, nuestro Señor. Amén.

San Juan de Mata

Fundador de la Orden de la Santísima Trinidad
Fiesta el 8 de febrero

San Juan de Mata nació a mediados del siglo XII en el sureste francés que, en esa época, pertenecía al reino de Aragón. Siendo aún muy pequeño, su madre le llevaba a los hospitales y a las cárceles, y le educó en la moral del buen cristiano. La posición de su familia le permitió realizar sus estudios teológicos en una universidad parisina. Allí inició una carrera motivada por la lucha contra la Guerra Santa musulmana.

Dio su primera misa el 28 de enero de 1193, y le pidió a Dios que le guiara en la elección de una orden religiosa en la que ingresar. En ese instante, el Creador le mostró, encima de las palmas de sus manos, a un hombre negro y a otro blanco encadenados. El santo interpretó que Dios le estaba indicando que fundase una orden religiosa que se ocupara de la redención de los cautivos. Guiado por su devoción, y apoyado por otros ermitaños, fundó la Orden de la Santísima Trinidad.

En 1198, viajó a Roma y obtuvo la aprobación del Papa para la Regla de su orden. Hasta el día de su muerte, el 17 de diciembre de 1213, San Juan de Mata dirigió la orden en favor de los cautivos y de los enfermos. Durante su primera misión redentora, trasladó a Marsella a los cristianos cautivos en tierras magrebíes y fundó casas en España, para ayudar a los cristianos, víctimas de la invasión musulmana. Los miembros de la orden recibieron el apelativo de «apóstoles de la redención». Tras su fallecimiento, los hermanos de la Santísima Trinidad continuaron su labor liberando de la cárcel a los cristianos cautivos, entre quienes se encontraba Miguel de Cervantes, a quien fray Juan Gil sacó de las mazmorras de Argel en 1580.

Oración

Padre misericordioso, que inspiraste a San Juan de Mata, la fundación de la Orden
de la Santísima Trinidad para la redención de cautivos; derrama sobre nosotros,
por su intercesión, la gracia de sentir tu presencia en nuestras vidas para que,
libres de toda esclavitud, podamos trabajar eficazmente
en la liberación de los cautivos. Amén.

Santa Apolonia

Mártir y patrona de los odontólogos
Fiesta el 9 de febrero

Santa Apolonia nació en el siglo III en Alejandría, donde se unió a un grupo de vírgenes consagradas para practicar fielmente el cristianismo. Alcanzó un rango relativamente alto dentro de la jerarquía eclesiástica, tuvo acceso a las traducciones de los textos sagrados y predicó la palabra de Dios durante tres décadas. Pero su devoción y su brillante oratoria despertaron el encono de los paganos quienes, en el año 249, la sentenciaron a muerte.

El martirio de Santa Apolonia desató graves críticas entre los cristianos porque, tras destrozarle la dentadura sobre una piedra, la mártir se arrojó a la hoguera. Muchos consideraron el acto como un suicidio pero otro grupo, defensor de la virtuosa, apaciguó el escándalo tras exponer los trabajos que la santa realizó en favor del cristianismo. El papa Marcelino la canonizó en el año 299. Más tarde, San Agustín explicó que la santa obró de ese modo obedeciendo una señal del Espíritu Santo.

Oración

Santa Apolonia: intercede por nosotros, para que no cedamos ante el paganismo actual que nos arrastra y nos quiere seducir. Que tu ejemplo y el de los otros mártires nos dé fuerza para ser fieles a nuestro Señor Jesucristo.
Te pido que me protejas ante los dudosos de la palabra de nuestro señor Jesucristo; que me guíes en este mundo ateo para que no me pierda en la oscuridad; acerca el conocimiento divino a las gentes pecaminosas y, por favor, condúceme a la verdadera felicidad que solo otorga el Señor de los Cielos. Amén.

Oración

Bendita Santa Apolonia, que por
tu virginidad y martirio merecisteis del Señor
ser instituida abogada contra el dolor de muelas
y dientes; te suplicamos fervorosos intercedas
con el Dios de la misericordia para que esta
criatura sea sanada. Amén.

Santa Escolástica

Santa Escolástica nació en el año 480 en Nursia, Italia. Siguiendo el ejemplo de su hermano, San Benito, fundador de la primera orden religiosa en Occidente, fundó su propio convento de monjas a los pies del monte de Casino, junto al monasterio levantado por su hermano. Todos los años, ambos se reunían en una casa de confianza para comentar temas espirituales y orar juntos.

El primer Jueves de Cuaresma de 545, después de haber pasado la tarde reunidos, Escolástica intuyó que esa sería la última vez que se verían en vida y pidió a su hermano que prolongaran su reunión hasta el amanecer. San Benito rechazó la petición porque iba en contra del reglamento, pero se desencadenó tal tormenta que se vieron obligados a permanecer en la casa y allí pasaron la noche. Tres días después, San Benito divisó una paloma blanca en el cielo y comprendió que su hermana había fallecido. La enterró en el que iba a ser su sepulcro y tres años después falleció él.

Oración

Señor Todopoderoso y Bienaventurado: te alabamos y te bendecimos con San
Benito y Santa Escolástica por el diálogo de tu amor, ternura que nos muestra
el camino pascual; victoria del amor que es más fuerte, escuela de vida para todos.
Mira a tus hijos, reunidos en tu nombre reviven y cantan las hazañas de tu amor:
las Bienaventuranzas de seguirte y amarte. Pasión por Dios y pasión por el hombre,
la samaritana y el samaritano. Amor del Padre, amor del Hijo,
amor del Espíritu Santo. Amén.

San Valentín

Patrón de los enamorados
Fiesta el 14 de febrero

San Valentín nació en Roma en el siglo III y era un presbítero muy popular; repartía limosnas entre los más necesitados y administraba el sacramento del matrimonio a parejas de novios, actividad por la que se le considera patrón de los enamorados.

San Valentín acudió a su cita con el perseguidor Claudio II y entabló una conversación con él acerca de la doctrina cristiana, y le dijo: «Si conocierais, señor, el don de Dios, y quién es Aquel a quien yo adoro, os tendríais por feliz en reconocer a tan soberano dueño, y abjurando del culto de los falsos dioses adoraríais conmigo al único Dios verdadero».

El gobernador, a quien no gustaron las palabras de Valentín, ordenó que lo juzgara un tribunal. Al terminar el juicio, Valentín concluyó: «Jesucristo es la única y verdadera luz que ilumina a todo hombre que viene a este mundo».El juez, que tenía una hija ciega, se levantó y le dijo que si Jesucristo era la luz del mundo, que iluminase la vista de su hija; que si el prodigio se producía, no solo le salvaría de sufrir el castigo por blasfemo, sino que él mismo se convertiría al cristianismo. Los soldados la trajeron ante Valentín y este, colocándole un crucifijo en la frente, imploró a Dios que devolviera la vista a la niña. Al instante la ciega curó y, emocionada, corrió hacia los brazos de su padre. Ante el milagro, todos los presentes se echaron a los pies de Valentín y pidieron la conversión. El emperador, se vio ante una difícil situación: si salvaba la vida de Valentín el pueblo pagano le iba a creer cristiano; por otra parte, no podía ejecutarlo, ya que el juez había puesto como condición para salvarle del castigo algo imposible que se había hecho realidad. De modo que decidió encarcelarlo y proseguir con la sentencia. En prisión, Valentín sufrió torturas hasta ser degollado un 14 de febrero.

Oración

Glorioso mártir San Valentín, colmado de bendiciones, poderoso en la palabra y en la obra. Te suplico infundas en mi alma aversión a la vanidad y a los falsos placeres del mundo, inculca pureza a mis sentimientos e infúndeme espíritu de penitencia para llegar a comprender los sufrimientos redentores de nuestro Salvador. Amén.

Santa Walburga

Abadesa y patrona contra las tormentas
Fiesta el 25 de febrero

Santa Walburga nació hacia el año 710 en Wessex, uno de los siete reinos de la antigua Inglaterra sajona. Su familia no solo poseía riquezas, sino también santidad. Su padre, San Ricardo el Sajón, emprendió un viaje a la santa Roma con sus hijos varones, Wilibaldo y Wilnibaldo, y dejó a Walburga en la abadía de Wimborne, un convento benedictino fundado por San Bonifacio. Dentro de sus muros, Walburga fue instruida con métodos severos durante más de veinte años. Esta educación le permitió escribir un libro en latín sobre la vida de su hermano San Winibaldo y otro sobre los viajes por Oriente Medio que había realizado con él, convirtiéndose así en la primera escritora de Inglaterra y Alemania. En 748, una llamada a las misiones de San Bonifacio preparó a las monjas del convento inglés para una migración de religiosas al reino germano. Cuando las hermanas se encontraban en alta mar, se originó una fuerte tempestad. Walburga salió a cubierta y se arrodilló para rogar por su alma; cuando lo hizo, la tormenta cesó milagrosamente.

En la antigua Alemania se hizo enfermera y se centró en la instrucción de las novicias. Allí Wilibaldo fue nombrado obispo de un pueblo germano y Winibaldo preparó en Heidenheim un monasterio doble que recogía a monjes y monjas. En él, Walburga ejerció de abadesa. A la muerte del hermano abad en el año 776, la abadesa se hizo cargo de ambas partes del monasterio. El día que Walburga y su hermano obispo trasladaron el cuerpo de Winibaldo a la diócesis de este, descubrieron que, santamente, el cuerpo se encontraba incorrupto. Tres años más tarde, un 25 de febrero, la santa falleció y fue enterrada en su monasterio. Un siglo después, la trasladaron junto a la tumba de sus hermanos. Su sepulcro es famoso por sus milagros.

Oración

Santa Walburga, tú que estás en la gloria del cielo, te ofrezco mi devoción,
llena de confianza en Jesús. Dios te ha agraciado con el don de sanar,
de fortalecer y de consolidar, y ahora yo te ruego que me sanes,
me fortalezcas y consolides. Por el amor de Jesucristo. Amén.

Patriarca Abraham

Padre de los creyentes
Fiesta el 12 de marzo

Según la Biblia, Abraham debió de nacer en Ur, Caldea, y era descendiente de Noé a través de Sem. A pesar de que Dios le ofreció numerosa descendencia, se casó con una mujer muy bella pero estéril, llamada Sara, quien ofreció a Abraham a su esclava, Agar, para que concibiera un hijo; sin embargo, en cuanto se produjo la concepción, la forzó a huir al desierto donde Agar recibió la visita del Señor, quien le ordenó que volviera junto a Abraham prometiéndole que su hijo también iba a ser padre de una muchedumbre. A la edad de 99 años, Abraham recibió la visita del Señor, quien le anunció que su mujer, de avanzada edad, concebiría un hijo ese año, y le ordenó circuncidar a todos los varones. Él aceptó y Sara dio a luz a Isaac.

Cierto día, el Señor se apareció a Abraham y le indicó que se dirigiera a la región de Moriah y que allí sacrificara a su primogénito en su honor. El patriarca viajó durante tres días con Isaac y, cuando encontró el lugar que Dios le había mostrado, subió a la montaña con su hijo. A lo largo del camino, Isaac, que llevaba la leña para el sacrificio, preguntó varias veces dónde estaba el animal destinado al holocausto, a lo que Abraham respondió que el Señor ya se lo proporcionaría. Cuando estaba listo para el sacrificio, un ángel impidió su consumación. Detuvo a Abraham y le dio un carnero para que ocupara el lugar destinado al niño.

Tal y como se cuenta en el Génesis, el nombre original del patriarca era Abram, pero por orden del Señor fue cambiando a Abraham o «padre de multitud de naciones». Abraham es el padre y fundador del judaísmo. Los cristianos y los musulmanes lo consideran el padre de los creyentes.

Oración

Gracias por todo; como Abraham, estoy dispuesto a todo; lo acepto todo; te agradezco todo. Con tal que tu voluntad se haga en mí y en todas tus criaturas, en todos aquellos que tu corazón ama; no deseo nada más, Dios mío. Amén.

San Rodrigo

San Rodrigo nació en Córdoba en el siglo IX, cuando esta ciudad era un emirato árabe, en una época relativamente pacífica que permitió a Rodrigo estudiar libremente la carrera eclesiástica y convivir con un hermano musulmán y otro ateo. El castigo que recibió este sacerdote mozárabe le vino de la mano de su propio hermano mahometano cierta vez que Rodrigo se interpuso en una de sus discusiones violentas. En un acto de furia, su hermano le paseó atado en una camilla por las calles mientras le acusaba de apóstata.

Si bien pertenecer entonces a otra religión no se penaba, la apostasía sí era delito, de modo que Rodrigo fue encarcelado junto a San Salomón, que cumplía condena por imputación del mismo cargo. El cadí sentenció a los dos santos a muerte: ambos fueron degollados, atados a unas piedras pesadas y arrojados al río. Por la gracia divina, el pueblo cristiano halló los cuerpos de los mártires y esa noche les rindió homenaje mediante una procesión fúnebre y un solemne entierro.

Oración

Te agradecemos, Padre, la libertad que nos has concedido para que podamos practicar nuestra fe en Jesucristo. Aunque se nos malentienda y todavía se nos persiga verbalmente, te agradecemos la oportunidad que nos has dado para recibir a Cristo en la Eucaristía y vivir nuestra fe sin temor a la muerte. Rezamos para que aquellos en el mundo que todavía sufren la persecución, que la soporten con entereza igual que la soportó el santo Rodrigo. En el nombre de Jesús rezamos. Amén.

Santa Matilde de Sajonia

Patrona de los poetas
Fiesta el 14 de marzo

Santa Matilde de Sajonia nació el año 890 en la localidad sajona de Quedlinburg, antigua Alemania, en un rico hogar ducal. Creció y se educó en el convento de Herford, cuya abadesa era su abuela paterna. Allí recibió una notable instrucción religiosa que la convirtió en una mujer piadosa y de singular templanza. Matilde se casó con Enrique, duque de Sajonia, y ejerció una notable e inteligente influencia sobre su esposo, gracias a la cual consiguieron muchos triunfos. Aunque Enrique había heredado el ducado de su padre, y en 919 se había convertido en el rey de Sajonia, Matilde siempre estaba junto a los pobres. Después de veintitrés años de feliz matrimonio, el rey falleció y Matilde vendió sus joyas y repartió su valor entre los más necesitados. Esta conducta de Matilde suscitó las críticas del sucesor de la corona, su hijo Otto, quien le recriminó el despilfarro. Ella regaló a sus hijos su herencia y volvió a su tierra de origen.

Matilde se sentía satisfecha de la unión entre sus hijos, aunque fueran las críticas a su madre lo que más les acercara. Entonces uno de los hijos, Enrique, cayó gravemente enfermo y el rey, su hermano, impotente ante esta desgracia, rogó a su madre que regresara a palacio. Matilde continuó sus obras benéficas y su misericordia fue aceptada por el rey, quien acabó dejando el reino a su cargo.

Al presentir que su muerte estaba cerca, Matilde se marchó de palacio para ocuparse de sus fundaciones. En uno de sus viajes a Quedlinburg, contrajo una fiebre; falleció el 14 de marzo de 968, dejando todos sus bienes en herencia a los necesitados. Por su dedicación a los pobres y la fundación de numerosas casas religiosas, fue canonizada poco después de su muerte.

Oración

Oh, Matilde, reina santa y generosa, haz que todas las mujeres del mundo que tienen altos puestos o bienes de fortuna, sepan compartirlos con los pobres con toda la generosidad posible, para que así se ganen los premios del cielo con sus limosnas en la tierra. Matilde, que cerca de Dios estás, haz que los ángeles me acompañen en este propósito y no caiga en el horrible egoísmo que circunda en el mundo. Amén.

San José

Esposo de la Virgen María y Patrón Universal de la Iglesia
Fiesta el 19 de marzo

San José nació en Belén y fue el tercero de seis hermanos. Era un carpintero de mucho talento, humilde y devoto. Cuando tenía cerca de treinta años, los sacerdotes convocaron a los jóvenes solteros de la comarca descendientes de David. Ofrecieron a cada uno una vara anunciándoles que María de Nazaret, una joven de catorce años, habría de casarse con aquel cuya rama floreciese. Sólo lo hizo la de José. María le contó que, inexplicablemente, estaba esperando un hijo. Lo habitual hubiera sido repudiarla públicamente, pero calló por su espíritu bondadoso. Poco antes de la boda, un ángel le reveló que María era virgen y que su hijo había sido engendrado por el Espíritu Santo, disipando todas sus sospechas.

Estando María a punto de dar a luz, tuvieron que marchar hacia Belén por un edicto de César Augusto que ordenaba un censo. Durante el camino, María se puso de parto. Cuando Jesús vino al mundo, su corazón rebosó de felicidad al ver que los pastores acudían a adorar al niño y que los Magos de Oriente le traían regalos. Un ángel le anunció que Herodes buscaba a su hijo para matarlo y le ordenó marchar a Egipto con la familia. Esa misma noche José escapó con María y Jesús al desierto, logrando así que Herodes no cumpliera su propósito. Otro ángel le reveló la muerte de Herodes y, con ella, la libertad para regresar a su tierra. Sin embargo, temeroso de Arquelao, el heredero del trono, José prefirió esconder a su familia en Nazaret.

San José, admirado por su carácter silencioso en las Sagradas Escrituras, es un ejemplo a seguir que propaga la enseñanza de la práctica de amor fraternal desde el silencio del corazón.

Oración

José dulcísimo y Padre amantísimo de mi corazón, a ti te elijo como mi protector en vida y en muerte; y consagro a tu culto este día, en recompensa y satisfacción de los muchos que vanamente he dado al mundo, y a sus vanísimas vanidades.

Yo te suplico con todo mi corazón que por dolores y goces me alcances de tu adoptivo Hijo Jesús y de tu verdadera esposa, María Santísima, la gracia de emplearlos a mucha honra y gloria suya, y en bien y provecho de mi alma. Amén.

Santa María Egipciaca

Penitente
Fiesta el 2 de abril

Santa María Egipciaca nació en el siglo V en Egipto. Fue un caso excepcional de peni-tencia, ya que supo renunciar a la vida en pecado que llevaba desde la pubertad y castigar sus deseos mundanos con cuarenta años en el desierto de Judá.

En el año 421 Zózimo, un viejo monje que iniciaba su vida de ermitaño, la encontró arrodillada sobre la arena ardiente y le preguntó por su origen. María le narró la his-toria de sus días de entrega al placer y a otros pecados capitales y de cómo, en un viaje a Jerusalén que solo emprendió por afán de aventuras, una fuerza invisible le impidió la entrada al Templo del Santo Sepulcro. Entonces se produjo el gran milagro que le hizo arrepentirse de sus pecados: ante una estatua de la Virgen, vio en ella el amor que siempre había buscado y, presa de una intensa emoción, imploró a la Madre del Señor su bendito perdón, a cambio de penitencia. Al terminar su historia, pidió al monje que le trajera la Santa Eucaristía y el Jueves Santo, Santa María tomó la Sagrada Comunión. El día de Pascua, Zózimo la encontró sin vida; según la tradi-ción, un león manso cavó un hoyo en la tierra para que el monje le diera sepultura. Posteriormente, en ese lugar empezaron a producirse milagros.

Oración

Oye, Señor y Salvador nuestro, nuestras súplicas,
para que así como nos alegramos en la festividad de Santa María Egipciaca,
así también recibamos el fervor de una devoción verdadera.
Por Nuestro Señor Jesucristo. Amén.

San Vicente Ferrer

Patrón de la Comunidad Valenciana
Fiesta el 5 de abril

San Vicente Ferrer nació el 23 de enero de 1350 en Valencia, bajo la Corona de Aragón, donde convivían cristianos, judíos y musulmanes. Recibió una educación culta y cristiana de la mano de Santa Ana. Por su diligencia en los estudios, con diecisiete años se ordenó en la orden dominica del Real Convento de Predicadores, donde estudió Teología tomista, la Biblia, lógica, latín y hebreo. Dada su entrega e inteligencia, fue enviado a Barcelona, Lérida y Toulouse para que se especializara.

Por esa época, los cristianos se dividían entre dos sedes: la papal romana, con Urbano VI a la cabeza, y la de Avignon, con Clemente VII. Vicente Ferrer apoyó al segundo con el brillante *Tratado sobre el Cisma Moderno*, fechado en 1380, en el que expone razones teológicas y de derecho canónico destinadas a convencer a la Cristiandad de que el Papa legítimo era el de Avignon.

Ganó justa fama por su carisma y devoción por la justicia, avalada tras renunciar a la invitación del Papa de Avignon en 1394, Benedicto XIII, quien le eligió para que fuera su confesor y teólogo personal en calidad de cardenal o arzobispo. Pero Vicente Ferrer, que sufría por la separación de la Iglesia, rechazó estos cargos e inició una peregrinación por Europa en la que convirtió a muchos sarracenos y judíos.

Diez años después regresó a la Corona de Aragón, y formó parte de un grupo de compromisarios que debían elegir al sucesor de la corona. Dedicó sus últimos días a la evangelización en Francia y se despidió en Vannes, el 5 de abril de 1419. En su Proceso de Canonización, cuarenta años después, se recogieron cerca de un millar de prodigios protagonizados por el dominico.

Oración

¡Amantísimo Padre y Protector mío, San Vicente Ferrer! Alcánzame una fe viva
y sincera para valorar debidamente las cosas divinas, rectitud y pureza
de costumbres como la que tú predicabas, y caridad ardiente
para amar a Dios y al prójimo. Amén.

Santa Casilda

Virgen y ermitaña
Fiesta el 9 de abril

Santa Casilda nació en Toledo en el siglo XI con el título de princesa del reino musulmán. Por su bondad y sentido de la justicia se apiadó de los cristianos cautivos en las mazmorras de su palacio, sin importarle el duro castigo en caso de que su padre, mahometano, se enterara de ello. Escondía comida para llevar a los cautivos, y cierto día estuvo a punto de ser descubierta. Milagrosamente, los víveres se transformaron en rosas y gracias a ello pudo salvar su vida.

Una enfermedad sin remedio le sirvió de excusa para escapar del reino musulmán, pues sólo podía sanarse con un baño en el lago de San Vicente, situado en la tierra cristiana de Burgos. Allí se curó, fue bautizada y vivió como ermitaña y virgen. Su tumba descansó en la ermita durante cinco siglos, antes de que sus restos se trasladasen a un santuario sobre el mismo lugar. En el siglo XVII llevaron sus reliquias a la catedral de Burgos, que las compartió con la de Toledo. Finalmente, todas las pertenencias de la santa fueron depositadas en su santuario.

Oración

Casilda, refugiada en el corazón sagrado, reza por todos los hombres, mujeres y niños para que, como tú, aunque nazcan en tierras lejanas a la Palabra, siembren la semilla celestial del único y verdadero Dios Creador. Haz que conozcan las amables palabras de Jesús aunque nunca las puedan leer; haz que actúen con consideración al prójimo y dirige sus acciones fuera del pecado para que puedan entrar en el Reino de los cielos. Por la Santa Cruz de Cristo. Amén.

San Hermenegildo

Rey y mártir
Fiesta el 14 de abril

San Hermenegildo nació en el siglo VI en el palacio real visigodo de Toledo. Su padre, el rey Leovigildo, defendía las ideas de Arrio, que negaban la Santísima Trinidad y, por ello, la divinidad de Cristo. Pero Hermenegildo tuvo una fuerte influencia católica por parte de sus tíos carnales maternos, los santos Leandro e Isidoro de Sevilla.

Leovigildo se casó en segundas nupcias con Godvinta, una fanática del arrianismo, que consideraba a los católicos sus enemigos. Siendo adolescente Hermenegildo fue, junto con su hermano menor Recaredo, asociado al trono de su padre, quien le buscó una mujer noble con la que desposarse: Ingunda, princesa franca y nieta de su segunda esposa. Godvinta vio que esta muchacha podía poner en peligro la confesionalidad arriana del reino e intentó hacerle cambiar su fe maltratándola para quebrar su voluntad; todo fue inútil.

Consciente del daño que estaba sufriendo su mujer, y enamorado, Hermenegildo pidió a su padre ser enviado como gobernador a Sevilla. Allí vivían sus tíos maternos cuya influencia, sumada a la de Ingunda, le hicieron abrazar el catolicismo. Como gobernador, extendió su fe a todo el reino, despertando las iras de su padre y, sobre todo, de Godvinta. Leovigildo en 581 envió sus tropas contra las de Hermenegildo. En 583 el santo fue sitiado en Sevilla y un año más tarde tuvo que huir a Córdoba, donde fue capturado por el ejército de su padre y encarcelado en Tarragona. Hermenegildo se negó a abjurar de su fe y fue condenado a muerte. Su carcelero lo decapitó en la noche del Sábado Santo, 13 de abril de 585. Tras su muerte su hermano se convirtió al catolicismo y cuatro años más tarde lo hizo el pueblo visigodo.

Oración

Hace Dios al bueno más honrado con las persecuciones y más rico con los trabajos, porque le asiste para que se aproveche de ellos. Vale mucho su sudor; enjuga Dios sus lágrimas, cuenta sus pasos, tiene cuidado hasta del menor de sus cabellos; mientras los pecadores se cansan en el camino de la maldad y de la perdición, andando siempre por sendas ásperas y dificultosas. Digan lo que dijeren, no se van al Infierno con mucho descanso. ¡Cuánto da que padecer la tiranía de las pasiones! El que se pierde, se pierde siempre a mucha costa. ¡Qué perjudicial es para ellos esta fatal ignorancia! ¡Qué caro les cuesta! Amén.

Santa Gema Galgani

Sufrió la Pasión por amor a Jesús y a los pecadores
Fiesta el 14 de abril

Santa Gema nació el 12 de marzo de 1878 en Borgonovo di Camigliano, en Luca (Italia), y falleció con solo 25 años. De familia modesta, sus padres murieron cuando ella era muy joven; cuando tenía ocho años, lo hizo su madre de tuberculosis pulmonar, y más tarde su padre, aquejado de un tumor. Todas estas enfermedades las recibió como herencia. Ya desde niña, fue una criatura enfermiza y poco desarrollada; a los nueve años apenas aparentaba seis. Sus enfermedades han sido uno de los rasgos más conocidos de su biografía, que merece un capítulo aparte.

Desde muy joven quiso ser religiosa, pero por su delicada salud no fue admitida en la comunidad y decidió vivir bajo la oración y la penitencia en su propia casa, que convirtió en su «convento». A los 21 años sufrió los estigmas de la pasión de Jesús, que coincidían con las heridas que tenía en el Crucifijo ante el que oraba. Desde siempre tuvo una gran devoción a la Pasión de Jesucristo, influida probablemente por su director espiritual, el padre Germán de San Estanislao. Solo salía de su «convento» para asistir a misa. En más de una ocasión tuvo experiencias místicas. Todas sus oraciones al Señor eran para pedir la conversión y la ayuda a los más necesitados de su pueblo.

Murió el sábado 11 de abril de 1903, vencida por la tuberculosis, en medio de una gran conmoción. Luca y casi toda Italia la consideraron una santa y el papa Pío XI la declaró beata apenas treinta años después de su muerte. Finalmente, Pío XII la canonizaría en 1940.

Oración

Aquí me tenéis postrada a
vuestros pies santísimos, mi
querido Jesús, para manifestaros en
cada instante mi reconocimiento y gratitud por
tantos y tan continuos favores como me habéis
otorgado y que todavía queréis concederme.
¡Oh, Jesús!, tened piedad de mí. Hágase
en todo vuestra voluntad. Amén.

San Expédito

Patrón de las causas justas y urgentes
Fiesta el 19 de abril

San Expédito nació en Italia en el siglo IV. Educado en la religión pagana del Imperio Romano, eligió la ardua vida del soldado, en la que destacó dirigiendo una gran legión. Expédito participó en muchas de las cazas de cristianos que ordenaba el emperador Diocleciano, hasta que un día se sintió conmovido por el valor de las víctimas en el martirio. Concluyó que ese único Dios de los cristianos tenía que ser todopoderoso y glorioso, una razón sustancial por la que dar la vida.

La leyenda dice que su intención de convertirse al cristianismo fue escuchada por un cuervo maligno quien, para que no lo hiciera, graznó: «cras, cras, cras», que en latín significa «mañana». Expédito lo aplastó con su pie diciendo «hodie, hodie, hodie», que significa «hoy». Tras ello, se convirtió al cristianismo con gran resolución. Se negó a rendir culto a los líderes del Imperio, y fue condenado a muerte y martirizado con otros compañeros cristianos un 19 de abril de 303.

Oración

¡Glorioso San Expédito, mártir, protector nuestro! Conociendo tu valimiento ante Dios, venimos a presentarte nuestras súplicas. Tú conoces nuestras necesidades más urgentes. Las ponemos en tus manos. Esperamos que nos alcances ante Dios una pronta solución. Deseamos sentir hoy mismo tu protección. A la vez te pedimos que nos obtengas de Dios una fe firme que jamás desfallezca, una caridad que nos inflame en su amor y en el amor a los demás, y una esperanza alegre en medio de nuestros problemas. Lo suplicamos por Jesucristo, nuestro Señor. Amén.

San Jorge

Mártir
Fiesta el 23 de abril

San Jorge nació a finales del siglo III en Capadocia, actual Turquía, y creció al amparo de unos padres cristianos. Ingresó en el ejército romano, donde por su valor accedió a la guardia personal del emperador Diocleciano. Cuando este emitió la orden de eliminar a los cristianos del imperio, San Jorge manifestó su cristiandad abiertamente y aunque el emperador intentó que su súbdito abjurara de su fe, su esfuerzo fue vano.

San Jorge aceptó su condena a muerte en nombre de Dios y aunque los verdugos le azotaron, le arrancaron la piel con garfios y le arrojaron a un tonel de clavos, las heridas de su cuerpo curaban prodigiosamente. Ante ello, el emperador decidió que recibiera una muerte rápida y San Jorge, después de ser amarrado a un caballo y arrastrado por la ciudad, fue decapitado en la plaza. El culto a este soldado comenzó tan pronto como acabó su martirio. Es el patrón de Inglaterra, Polonia, Georgia, Portugal, y también de Cataluña y Aragón.

Oración

Poderoso San Jorge, defiéndenos en el combate, sé nuestro amparo contra la malicia y las tentaciones del demonio. Líbranos de sus engaños y su persecución amparándonos en todo momento.
Poderoso San Jorge, aparta de mi mente las malas ideas y los malos pensamientos, que Dios por tu medio acreciente mi fe y mi plena confianza en mi Creador para salir victorioso de los embates de la vida, y que mi camino quede libre de obstáculos para que cada día tenga más fuerza material para luchar y vencer. Amén.

San Marcos

Evangelista y mártir
Fiesta el 25 de abril

Marcos, también llamado Juan Marcos, nació poco antes de la crucifixión de Jesús y vivió de joven en el Monte de los Olivos. Fue hijo de una mujer llamada María y el evangelista no tuvo contacto directo con Jesús, ya que cuando este predicaba, él era aún muy pequeño, pero sin duda lo tuvo con sus seguidores; sobre todo con su primo Bernabé, con Pedro y con Pablo. Cuando los apóstoles empezaron a difundir la palabra de Dios, Pablo y Bernabé partieron rumbo a Antioquía llevando consigo a Marcos. Predicaron en Chipre y luego en Perges, pero la dureza de los caminos y los bandidos atemorizaron al evangelista, que regresó a su tierra.

Se sabe que hizo un segundo viaje a Chipre solo con su primo, ya que Pablo no lo quiso como compañero, y que estuvo luego en Roma, con San Pedro, de quien habría sido secretario y confidente. Confirma la posibilidad de esta relación la primera carta del apóstol, que se refiere a él como su hijo (espiritual). Otros autores afirman que Marcos traducía los discursos de Pedro.

Gracias al contacto directo con los apóstoles, sobre todo con Pedro, Marcos pudo conocer íntimamente la vida del Maestro; por esta razón, los cristianos de Roma le pidieron que la pusiera por escrito, dando así origen al Evangelio que lleva su nombre. Su libro, hecho con el corazón, contiene muchos detalles que no aparecen en el relato de los posteriores evangelistas. Es un relato en lenguaje popular que, seguramente, refleja fielmente la humilde y sencilla oratoria que Pedro utilizó para difundir la palabra de Dios. El Evangelio de San Marcos es el primero de los cuatro y, sin duda, sirvió de modelo a los de Juan, Lucas y Mateo.

Oración

Dios Todopoderoso que te revelas amorosamente a los hombres por medio de hechos
y palabras, te pedimos por la intercesión de San Marcos evangelista que,
meditando la buena nueva del Evangelio, sigamos el ejemplo de Jesucristo,
la Palabra hecha carne en el seno de María.
Tú que aprendiste de los discípulos de Jesús y te sientas junto a ellos en el reino
celestial, tan cerca de Dios, invitado por tus obras en la tierra, por favor,
llévame por el camino de la verdad. Amén.

San Isidoro

Patrón de los estudiantes, historiadores y programadores
Fiesta el 4 de mayo

Se cree que San Isidoro nació en Cartagena, hacia el año 560. Fue el menor de cuatro hermanos que también han sido canonizados. Sus padres fallecieron y su hermano Leandro, mucho mayor que él, se encargó de su educación. Su capacidad para observar y profundizar, le llevaron a descubrir muchas verdades y a robustecer su fe y religiosidad. Un día, mientras sacaba agua de un pozo, vio que la cuerda que sostenía el cubo había horadado la piedra del brocal. Así comprendió que la conciencia y la voluntad pueden dominar la mente del hombre y permitirle vencer las dificultades, de manera que volvió a los estudios.

Recibió el nombre de Maestro de la Edad Media o de la Europa Medieval, en mérito a sus brillantes tratados sobre Historia. Su *Historia de los visigodos* es la única fuente de información sobre este pueblo que ha llegado hasta el presente. Pero no solo dominó esta disciplina: entre sus primeras obras figuran un diccionario de sinónimos, un tratado de Astronomía y Geografía y notables estudios teológicos y eclesiásticos.

San Isidoro tenía una gran facilidad de palabra y sus discursos eran sencillos, pero profundos, desde lugares distantes, llegaban multitudes para escucharle. Su forma de educar era abierta y progresista, ya que intentó abarcar todas las ramas del conocimiento humano. Cuando San Isidoro sintió que su fin estaba próximo, pidió perdón públicamente a todos los que hubiera podido ofender; perdonó a sus vez a todos sus enemigos y pidió al pueblo que rogara a Dios por su alma. En un último acto de caridad, distribuyó todas sus posesiones entre los pobres, regresó a su casa y murió en paz el 4 de abril de 636, a los 80 años. Fue declarado Doctor de la Iglesia en 1722.

Oración

Aquí estamos, Señor Espíritu Santo. Aquí estamos,
frenados por la inercia del pecado, pero reunidos especialmente
en tu Nombre. Ven a nosotros y permanece con nosotros.
Dígnate penetrar en nuestro interior.
Enséñanos lo que hemos de hacer, por dónde debemos caminar,
y muéstranos lo que debemos practicar para que, con Tu ayuda,
sepamos agradarte en todo. (San Isidoro)

San Pancracio

Mártir patrón de la fortuna, el trabajo y la justicia
Fiesta el 12 de mayo

San Pancracio nació en Frigia, y según asegura el manuscrito original de la basílica que lleva su nombre, soportó el martirio y falleció el 12 de mayo de 304, en Roma, con tan solo catorce años de edad. Estos datos permiten situar su nacimiento hacia el año 290. A los ocho años quedó huérfano y su tío Dionisio, pagano, lo acogió en su hogar.

Según algunas fuentes, vivía con ellos un criado cristiano y fue él quien cambió la dirección espiritual tanto de su señor como del sobrino. Este contacto con las enseñanzas cristianas les llevó a la Colina de Celio, uno de los siete montes de Roma, donde recibieron el sacramento del bautismo de la mano del papa Marcelino.

Poco después de su conversión, estalló una persecución contra los cristianos. Pancracio fue hecho prisionero y llevado al tribunal, pero era tan grande su fe que, pese a las amenazas, no apostató. Tras ser decapitado, recibió sepultura en la Vía Aurelia. Allí se alzó, en el siglo VI, una basílica en su honor para acoger a los numerosos peregrinos que buscaban su intercesión ante el Señor.

Oración

Glorioso San Pancracio, que por amor a Jesucristo aceptaste el martirio con valor, alcanzadme de Dios trabajo honrado y suficiente para todas las necesidades de esta vida temporal. Os pido salud y fuerza para cumplir con mi trabajo. A través de él confío en alcanzar la gloria eterna. Amén.

San Matías

Apóstol
Fiesta el 14 de mayo

Es muy poco lo que se encuentra sobre San Matías en los Hechos de los Apóstoles. Sin embargo, pese a la brevedad de las menciones, este santo ocupa un puesto muy singular entre los apóstoles: el trono vacío de Judas Iscariote, el traidor que sirvió de guía a los que prendieron al Maestro.

Según los relatos, tras la ascensión de Jesús a los Cielos, se reunieron los once apóstoles en Jerusalén a la espera de que se cumpliera la profecía: el regreso del rey de los judíos. Junto a ellos, María y otros discípulos oraban en su propia sinagoga formada por 120 fieles. Mientras esperaban el milagro, recordaron que la profecía indicaba que los doce apóstoles recibirían a Jesús y se dieron cuenta de que, al faltar Judas, sólo eran once. Por esta razón se dispusieron a encontrar a quien pudiera sustituirlo. Esa persona debía haber sido testigo de la vida del Mesías, desde su bautizo en el Jordán hasta la ascensión en la Santa Cruz. Había dos candidatos: Barshabba y Matías.

Una vez designados los candidatos, oraron de esta forma: «Señor, Tú que conoces los corazones de todos, muéstranos a cuál de estos dos eliges como apóstol, en reemplazo de Judas». A continuación, lo echaron a suertes y el elegido fue Matías.

Existen varias tradiciones que narran su muerte. Una de ellas dice que unos caníbales de Etiopía lo decapitaron; otra pone el hacha en manos de judíos de Jerusalén; y una tercera indica que murió en la cruz. Esta última ha suscitado la devoción de los carpinteros.

Oración

¡Oh, Dios, que te dignaste agregar al Colegio de tus Apóstoles al bienaventurado San Matías! Concédenos por su intercesión que experimentemos siempre los efectos de tus misericordiosas entrañas. Oh, Señor, que quisiste que San Matías ocupara el trono vacío para completar el número de los Apóstoles; concédenos por sus ruegos que podamos sentir la alegría de ser elegidos entre tus predilectos. Por Jesucristo Nuestro Señor. Amén.

San Juan Nepomuceno

Patrón de Bohemia y del Real y Glorioso Cuerpo
de Infantería de Marina de España
Fiesta el 16 de mayo

San Juan Nepomuceno nació hacia 1340 en Nepomuk, Chequia. Ingresó en la Universidad de Praga y cursó derecho canónico en la de Padua. Fue pastor en Praga durante trece años, hasta que Juan de Jenstejn, arzobispo de la ciudad, le nombró vicario general. La diócesis estaba bajo el mandato del rey Wenceslao de Bohemia y Alemania, con quien San Juan vivió un desagradable episodio. Siendo confesor de su esposa, Juana de Baviera, el rey le pidió que le contase los pecados de su esposa, pero Juan mantuvo su secreto de confesión. De hecho, ha sido el primer mártir por guardar el secreto que impone ese sacramento.

Su nombramiento como vicario general de Juan de Jenstejn no fue bien acogido por el rey, ya que tenía riquezas y casas que, posiblemente, eran objeto de disputa con otros señores. Además, durante la reforma de la Iglesia de Bohemia se produjo una vacante en la abadía benedictina de Kladruby y para ocuparla se nombraron a un terrateniente, designado por el Papa de Roma, y un escogido por el Pontífice de Avignon. El arzobispo de Praga quería que se nombrara al candidato del Pontífice romano, mientras que Juan Nepomuceno apoyó al segundo. Como represalia, el 20 de marzo de 1393 fue arrojado desde el puente de Carlos. Después de su muerte, el arzobispo Juan de Jenstejn marchó a Roma y denunció al rey como responsable del martirio de su vicario. Se representa al santo con su cabeza rodeada por un halo con cinco estrellas, en conmemoración a las que brillaban en el cielo la noche en que se ahogó en el río Moldava. Fue canonizado en 1729 durante el papado de Benedicto XIII. Descansa desde 1736 en la catedral gótica San Vito de Praga, junto a las tumbas de los obispos y monarcas de dicha ciudad.

Oración

Oh, Dios, que por el invencible
silencio sacramental del
bienaventurado Juan Nepomuceno
adornaste tu iglesia con una nueva corona
del martirio; concédenos, por su intercesión y ejemplo, que moderemos
nuestra lengua y suframos todos los males de este mundo, antes que el detrimento
de nuestra alma. Por Jesucristo Nuestro Señor. Amén.

San Bernardino

Patrón de los publicistas y protector contra la ludopatía
Fiesta el 20 de mayo

San Bernardino nació en 1380 en Massa Marittima, Italia, en la casa de los nobles Albizeschi, cuando su padre era el gobernador de la ciudad. Quedó huérfano a los seis años y vivió con su tía hasta que acabó los primeros estudios. Gracias a su herencia pudo estudiar derecho civil y canónico, pero el dinero le apartó de la moral del buen cristiano, a la que se acogió de nuevo atendiendo a los enfermos de peste. A principios del siglo XV ingresó en la orden mendicante fundada por San Francisco de Asís, la Orden Franciscana de la Observancia, y regaló su fortuna a los pobres. Poco después, San Vicente Ferrer lo eligió para que evangelizara Italia. Durante más de treinta años ganó muchas almas, resolvió problemas sociales y llevó a cabo sorprendentes milagros. Fue elegido vicario general de la orden franciscana en 1437 y, un año después, representante de toda la orden en Italia. Estos altos cargos le obligaron a apartarse de su verdadero deseo: las misiones evangelizadoras. Murió en 1444. Fueron tantos los testigos de sus milagros que fue canonizado poco tiempo después.

Oración

San Bernardino de Siena, querido santo de la Orden Franciscana, a ti que la Palabra tanto te importó, que pasaste gran parte de tu vida compartiendo tu conocimiento divino sin cansarte, que repartiste tu riqueza material y espiritual sin arrepentirte de ello, por favor concédenos el don de la caridad y que siempre elijamos hablar en nombre de Jesús con reverencia y sin temor; haz que de nuestra boca solo salgan palabras de amor celestial. Por Jesucristo nuestro señor. Amén.

Santa Rita

Patrona de las causas perdidas
Fiesta el 22 de mayo

Santa Rita nació en 1381 en Rocca Porrena, en la provincia de Perugia. Desde pequeña quiso entrar en un convento, pero sus padres la desposaron con Paolo Mancini, un hombre despreciable. El matrimonio tuvo dos hijos gemelos. Una mañana, Paolo se fue a trabajar y nunca regresó. Liberada de las obligaciones del matrimonio y con sus hijos mayores, acudió al convento de Santa María Magdalena, de la Orden de San Agustín, pero no fue admitida al no ser virgen. De regreso al hogar, sus hijos, tan temperamentales como su padre, le dijeron que querían vengar a su progenitor. Alarmada, Rita rogó a Dios para que no cometieran un asesinato. Sus ruegos fueron escuchados y ambos enfermaron. Estando ellos en el lecho de muerte, la santa consiguió que perdonaran a los asesinos de su padre poco antes de morir.

Ese mismo año, una noche apareció prodigiosamente en el convento. A las asombradas monjas les explicó que San Agustín, San Juan Bautista y San Nicolás de Tolentino la habían depositado dentro de los muros. Ante semejante milagro no pudieron negarle la entrada. Su vida en el monasterio agustino estuvo marcada por la penitencia y por el milagroso estigma que apareció en su cara. En 1428 se levantó una madrugada con una astilla clavada en la frente, que fue relacionada con las espinas de la corona que soportó Jesús. La herida se abría con asiduidad hasta que cayó enferma en 1453. Murió el 22 de mayo de ese mismo año.

Cuenta la tradición que, estando en cama, recibió la visita de su prima, que le preguntó si quería algo. Aunque era invierno, la santa le pidió una rosa del jardín y su prima, por complacerla, salió al aire libre sin esperar ver ninguna flor. Para su sorpresa, vio un único capullo de rosa y, por esta razón las rosas son atributos de su iconografía.

Oración

Por los singulares méritos de tu infancia,
Por la perfecta unión con la Divina Voluntad,
Por los heroicos sufrimientos durante tu vida de casada,
Por el consuelo que experimentaste con la conversión de tu esposo,
Por el sacrificio de tus niños antes de verlos ofender gravemente a Dios,
Por tu milagrosa entrada al convento, protégenos. Amén.

San Felipe Neri

Patrón de los educadores y los humoristas
Fiesta el 26 de mayo

Felipe Neri nació el 22 de julio de 1515 en Florencia, donde tuvo una infancia feliz. Al morir su madre, su padre, Francesco Neri, le envió a Casino junto a su tío para que aprendiera el oficio de mercader. Pero su vocación era la religión, y con doce años, abandonó el hogar de su tío y marchó a la ciudad santa de Roma. Allí compaginaba su labor social con sus estudios en el centro cultural agustino de Sapienza y visitaba las sagradas catacumbas de los primeros cristianos. Cuenta la tradición que fue allí, sobre la tumba de San Sebastián, cuando en 1544 una bola de fuego le atravesó el pecho, milagro que marcó su cuerpo, deformándolo.

Organizó la Cofradía de la Santísima Trinidad para tratar el problema de la pobreza y la enfermedad que asolaban Roma. Esta entidad se responsabilizaba de que cada enfermo tuviera asistencia médica y espiritual hasta su curación. Y San Felipe introdujo la receta de cuarenta horas de culto a la Eucaristía.

Su fama de fiel seguidor de Cristo y de hombre bondadoso le valió el hábito de sacerdote. Se instaló en San Jerónimo, un edificio eclesiástico del centro de Roma, y allí organizó reuniones diarias de seculares donde los sacerdotes leían y reflexionaban sobre la palabra de Dios. Estas reuniones crecieron en contenido y participantes, convirtiéndose en lo que hoy se conoce con el nombre de Oratorio. Esta práctica sencilla y a la vez eficaz, iniciada por la alegre devoción de San Felipe, fue acogida por otras ciudades y países y se convirtió en la más popular en la comunidad cristiana. La muerte de San Felipe el 26 de mayo de 1595 no supuso el abandono del nuevo enfoque evangelizador sino que, por el contrario, alcanzó fama internacional; de hecho, es la que se emplea en la Iglesia actual.

Oración

Señor Dios nuestro, que nunca dejas de glorificar la santidad de quienes con fidelidad te sirven, haz por favor que el fuego del Espíritu Santo nos encienda en aquel mismo ardor que tan maravillosamente inflamó el corazón de San Felipe Neri.

Tú, San Felipe Neri, santo de la alegría, santo del socorro, dónanos del Señor Misericordioso los anticipos del paraíso. Amén.

San Bonifacio

Obispo y mártir, patrón de los leñadores
Fiesta el 30 de mayo

San Bonifacio nació bajo el nombre de Winfrido a finales del siglo VII, en Wessex, en el seno de una familia cortesana. En el monasterio de Nhutscelle, hoy Nursling, ejerció como profesor y escribió el primer libro de gramática latina. Mas tarde emprendió una misión evangelizadora.

En 718 el obispo de Utrecht le envió a Roma y allí el papa Gregorio II le encargó la evangelización de los pueblos sajones de Germania poniéndole como sobrenombre Bonifacio, cuyo significado latino es «bienhechor». En su misión en Germania convirtió a muchos bárbaros, desde Frisia hasta Hesse. Gregorio III, en reconocimiento a su labor, le nombró arzobispo de Maguncia. Fundó su primer monasterio en Amoneburg (Hesse, Alemania) y, posteriormente, muchos otros en Sajonia; también estableció obispados en las ciudades. Cierto día, vio que en un roble consagrado al dios Odín se iba a sacrificar a un joven con motivo del solsticio de invierno. El santo alzó un hacha y de un golpe derribó el árbol. El milagro mostró a los pobladores la grandeza del Dios de Bonifacio. No contento con ello, el santo vio en las proximidades un abeto y en un acto de desafío al dios pagano lo declaró símbolo cristiano. Desde ese día, los habitantes colocaron el abeto en sus casas durante la Navidad, en el solsticio de invierno.

A los ochenta años, en 754, durante su viaje a tierras frisonas realizó muchas conversiones y al llegar a Dokkum, se reunió con la comunidad religiosa para que los recién convertidos se confirmasen. Durante el encuentro, una horda de bárbaros arrasó el lugar. La tradición afirma que, antes de morir, San Bonifacio gritó: «¡Dios salvará nuestras almas!».

Oración

Dios eterno, refugio y ayuda de todos tus hijos, te agradecemos todo
lo que nos has concedido. Tú nos das fuerza en la debilidad. Tú,
amadísimo, eres la luz en nuestra oscuridad, y en nuestra pena
Tú eres confort y paz. Por favor, te rezamos y suplicamos hoy
que nos des fuerza para proteger la Palabra Sagrada
como tu siervo Bonifacio pudo hacer. Amén.

San Fernando

Patrón de la juventud y del Arma de Ingenieros
Fiesta el 30 de mayo

Hijo de Berenguela y de Alfonso XI de León, San Fernando III nació en 1198, probablemente en la provincia de Zamora. No solo unió las coronas de Castilla y León, sino que también conquistó Córdoba, Úbeda, Murcia, Jaén, Cádiz y Sevilla del poder de los musulmanes. La única excepción fue Granada. Para él, lo más importante era la difusión de la palabra de Dios en las regiones que conquistaba.

Este Caballero de Cristo o Siervo de Dios, siempre rogaba al Altísimo, y sobre todo, a la Virgen María, por el fortalecimiento de la fe católica en su reino. Su devoción fue premiada con momentos de éxtasis y apariciones divinas. Humilde por naturaleza, se preocupaba por el bienestar de sus vasallos ya que, según sus palabras, más temía «las maldiciones de una viejecita pobre de su reino que a todos los moros de África».

Su devoción a María le impulsó a entronizarla en Sevilla y en muchos otros pueblos y lugares de Andalucía. Su ilusión era que las tierras del sur de España fueran llamadas «Tierra de María Santísima». Además de un guerrero y político excepcional, también fue poeta y músico. Entre sus cantigas se encuentra una dedicada al Señor.

Viendo próximo el fin, se levantó de su lecho y, postrándose en tierra sobre un montón de cenizas, recibió la Extremaunción. Entonces llamó a sus hijos y a la reina y se despidió serenamente de ellos dejándoles como último recuerdo unos sabios consejos. No se olvidó de sus siervos, y pidió perdón por alguna ofensa que hubiera podido infligir a los que se hallaban en la estancia. Murió el 30 de mayo de 1252, dejando un impecable ejemplo de fe cristiana a su primogénito y sucesor, el rey Alfonso X el Sabio. Fue canonizado por Clemente X en el año 1671.

Oración

San Fernando, rey piadoso, que uniste al amor de Dios el cuidado de los débiles,
enséñanos a regir a nuestros semejantes, buscando el bien del prójimo
y la gloria de Dios, a ejemplo de Jesucristo que es Dios
y vive y reina por los siglos de los siglos.
Amén.

San Norberto

Obispo y fundador de la Orden de los Premonstratenses
Fiesta el 6 de junio

San Norberto nació en Alemania, en el seno de una familia noble, en el año 1080. A la edad en que los jóvenes de la nobleza podían elegir entre abrazar la vida militar o entrar en un monasterio, Norberto, que era un joven ambicioso, eligió continuar como caballero.

Su vida dio un giro importante cuando, durante un paseo a caballo, le sorprendió una tormenta que le derribó. Quedó inconsciente una hora y al despertar, movido por su conciencia y tomando su suerte como un aviso del cielo, decidió abandonar el ejército y retirarse a un convento.

Hizo penitencia dentro de los muros monásticos y, tres años después, el arzobispo de Colonia le ordenó sacerdote. Norberto distribuyó sus bienes entre los pobres; sólo conservó una mula y marchó a predicar la Palabra de Dios. Más tarde abandonó al animal y prosiguió su labor a pie y descalzo.

En 1119 el papa Calixto II le pidió que formase una orden en Francia y, siguiendo los deseos del Pontífice, fundó una abadía en Premontré. Le acompañaron eclesiásticos y seglares y profesaron la Regla de San Agustín; se llamaron los Canónigos Blancos Premonstratenses y, con el tiempo, fundaron cientos de casas por todo el continente.

San Norberto falleció en Magderburgo, Alemania, en 1134, mientras ejercía de obispo de la misma ciudad. Fue canonizado en 1582.

Oración

Señor, Tú hiciste del obispo San Norberto un pastor admirable de Tu Iglesia
por su espíritu de oración y su celo apostólico, te rogamos que, por su intercesión,
tu pueblo encuentre siempre pastores ejemplares que le conduzcan a la salvación.
Dios, que habéis hecho del bienaventurado Norberto vuestro confesor pontífice,
un excelente predicador de vuestra palabra, y que, por su intermedio,
habéis dado una nueva familia a vuestra Iglesia.
Por nuestro Señor Jesucristo. Amén.

San Onofre

Patrón de los tejedores
Fiesta el 12 de junio

San Onofre nació en el siglo III en tierras de la actual Etiopía. Según la tradición, su padre, un príncipe egipcio, lo arrojó a las llamas cuando era un niño para comprobar si era un hijo bastardo. Dios no quiso que sufriera daño y las llamas no le hicieron mella. Fue criado en el monasterio de Hermópolis y, al llegar a la edad adulta, renunció a sus derechos de príncipe para apartarse del mundo. En Capadocia, actual Turquía, encontró una cueva en la que vivió 60 años. Durante sus meditaciones, se alimentaba de dátiles y agua, aunque según la leyenda un ángel le entregaba los domingos el pan y la Eucaristía.

Tuvo un discípulo llamado Pafnuncio que, en su última visita, lo encontró muy enfermo, agonizante. Alcanzó a darle la Eucaristía y permaneció a su lado hasta que falleció. Años más tarde, escribió su biografía.

Es el santo patrono de Múnich y del Principado de Mónaco, así como de los tejedores y de quienes buscan una casa en propiedad. Se le representa como un anciano con barba y pelo largo, muy delgado y sin ropa, aislado del mundo.

Oración

Glorioso San Onofre, a quien Dios puso en este mundo para que en él nos sirvieras de ejemplo de todas las virtudes posibles, y en el cielo para que allí fueras nuestro patrón y venerado protector, por favor alcánzame del Señor la gracia que os pido en esta oración. Por los siglos de los siglos, Amén.

San Antonio de Padua

Fraile Franciscano patrón de los pobres
Fiesta el 13 de junio

San Antonio de Padua nació en 1195 en el seno de una familia de nobles portugueses. Desde niño tuvo contacto con la iglesia; los clérigos de la catedral de Lisboa le transmitieron los primeros conocimientos religiosos. Con quince años fue encomendado a los Canónigos de San Agustín y, dos años después, viajó a Coimbra. Su amor por el estudio le permitió adquirir amplios conocimientos sobre la Biblia. Su vocación despertó en 1220, cuando el rey de Portugal regresó de Marruecos con reliquias de los santos frailes franciscanos. Poco más tarde recibió el hábito de dicha orden.

Emprendió un viaje evangelizador a Marruecos, pero no pudo llegar porque le sobrevino una grave enfermedad. En su viaje a Europa, los fuertes vientos condujeron el barco a Italia. Tras desembarcar, viajó a Asís, donde se celebraba una gran asamblea en la que estaba San Francisco.

En la ermita solitaria a la que fue destinado por el fundador de la orden, sus dotes intelectuales permanecieron ocultas; un día, durante una reunión en la que ninguno de los monjes tenía el discurso preparado, le dieron la palabra. Se convirtió en el gran predicador de Lombardía, y cuenta la tradición que en Rímini, los herejes impedían al pueblo acudir a su sermón, se acercó a la orilla del mar y convocó a gritos a los peces. En el acto, miles de cabezas plateadas se asomaron moviéndose con gestos de aprobación. Este es un ejemplo de su atractiva personalidad y de sus dotes de orador, que le consagraron como el mejor predicador de la época. Finalmente, se estableció en Padua. Allí, a los treinta y cinco años de edad, falleció en 1231. Fue canonizado antes de que se cumpliera un año de su muerte. Se le suele representar con el niño Jesús en brazos. Es patrón de los pobres y se le invoca para encontrar los objetos perdidos.

Oración

Dios Todopoderoso y Misericordioso, que te dignaste escoger a San Antonio,
el más gentil de todos los santos, como modelo de todas las virtudes para la bendición
de toda la humanidad, y has convertido a muchas almas a través de sus sermones,
caridades y buen ejemplo, concédeme que por sus méritos e intercesión
pueda real y verdaderamente convertirme y renunciar al pecado.
Por Jesucristo nuestro Señor. Amén.

San Luis de Gonzaga

Patrón de la juventud cristiana
Fiesta el 21 de junio

San Luis de Gonzaga nació en 1568 en un castillo de Lombardía, Italia. Su noble familia debatía el destino del niño y, mientras su madre lo encomendaba a la Virgen, su padre tenía otros designios para él: convertirlo en soldado. Luis creció entre cañones, pero cierta vez su madre dijo que se sentiría muy feliz si Dios escogiera a alguno de sus hijos y Luis le contestó que sería él. Pese a los esfuerzos paternos para que continuara su vida de soldado, Luis tenía clara su devoción y, con doce años, ya había alcanzado el más alto grado de contemplación. En esa época, durante un viaje a Montserrat donde su padre había sido nombrado gobernador, estuvo a punto de morir ahogado cuando la crecida de un río derribó la carroza en la que viajaban. Desde entonces sufrió una dolorosa enfermedad renal que le permitió desaparecer de la vida pública. Se refugió en las iglesias de los capuchinos y practicó las mortificaciones de los monjes: ayuno a pan y agua tres días a la semana, azotes, oraciones nocturnas, etc.

El día en que se disponía a recibir la comunión, una voz celestial le comunicó que ingresara en la orden de los jesuitas. Su madre lo aprobó, pero su padre montó en cólera y lo amenazó con azotarlo. Tras una larga lucha, consiguió el consentimiento para entrar en la casa de la Compañía de Jesús. En 1591, durante una grave epidemia en Roma, los jesuitas abrieron un hospital para atender a los enfermos. Luis de Gonzaga fue de puerta en puerta mendigando alimentos para ellos. El santo se contagió ese mismo año y murió con solo veintitrés años; gracias a su enorme fe, aceptó la muerte con entereza, feliz de la proximidad de su encuentro con el Altísimo.

DAROVAO·ALBERT·GLOIN ARIC NL 1911

Oración

Oh, Luis Santo, adornado
de angélicas costumbres;
yo, indigno devoto vuestro,
os encomiendo la castidad de
mi alma y de mi cuerpo, para
que os dignéis encomendarme
al Cordero Inmaculado,
Cristo Jesús, y a su purísima
Madre, Virgen de vírgenes,
guardándome de todo pecado.
No permitáis, Ángel mío,
que manche mi alma con la
menor impureza; antes bien,
cuando me veáis en la
tentación o peligro de pecar,
alejad de mi corazón todos los
pensamientos y afectos
impuros. Amén.

San Jacobo

Apóstol y mártir
Fiesta el 23 de junio

San Jacobo nació en Betsaida, Galilea, hijo de Zebedeo y conocido también por Santiago el de Zebedeo. Era el hermano mayor del Apóstol Juan; juntos, eran los Hijos del Trueno. Como el resto de los apóstoles, a la muerte del Maestro dispuso su viaje de evangelización y partió a Hispania, territorio que comprendía España y Portugal. En el camino conoció a siete discípulos ejemplares con los que vio a la Virgen María en un pilar, en Zaragoza, y poco después sintió su llamada instándole a regresar a Jerusalén, cosa que hizo tras llevar a Roma a sus siete discípulos con el fin de que el Papa los elevara a obispos y continuaran la evangelización de Hispania.

La tradición apócrifa cuenta el martirio de San Jacobo por Herodes en el año 44. Tras ser capturado en su viaje a Jerusalén, fue decapitado. La tumba de Jacobo, más conocido por los españoles como Santiago, apareció en España en la segunda década del siglo IX en Iria Flavia, durante la regencia de Alfonso II el Casto. Este acogió los restos del Apóstol con devoción, y aprovechó la coyuntura para unificar el reino asturiano bajo un mismo patronazgo y convertir una tradición pagana en cristiana: el camino de Santiago, sagrado para el pueblo celta, se atribuyó a San Jacobo. Sus restos se conservan bajo la catedral de Santiago de Compostela, provincia de A Coruña, punto final de la peregrinación de los devotos que recorren las sendas jacobeas. La vieira es el símbolo de esta peregrinación.

Durante la Edad Media, los peregrinos emprendían este viaje con la esperanza de recibir indulgencias; es decir, que el tiempo que sus almas pasaran en el Purgatorio se acortase a la mitad. Si la marcha se había realizado en Año Santo Jacobeo, su alma entraba directamente al Cielo sin pasar por el Purgatorio.

Oración

¡Señor Santiago! Heme aquí, de nuevo, junto a tu sepulcro al que me acerco hoy,
peregrino de todos los caminos del mundo, para honrar tu memoria
e implorar tu protección. Vengo de la Roma luminosa y perenne,
hasta ti que te hiciste romero tras las huellas de Cristo
y trajiste su nombre y su voz hasta este confín del universo.

(Extracto de la oración de su Santidad Juan Pablo II
ante la tumba del Apóstol Santiago).

San Juan Bautista

Evangelista
Fiesta el 24 de junio

El nacimiento de San Juan Bautista, que se produjo seis meses antes que el de Jesús, el 24 de junio, fue un hecho milagroso, ya que Zacarías e Isabel, prima de María, eran ya viejos. Su venida al mundo fue anunciada a su padre por el arcángel San Gabriel.

Juan Bautista predicó en el desierto y muchos le siguieron hasta la orilla del río Jordán, donde les bañaba en el Jordán para limpiar sus pecados. Aunque no era conocida la existencia de Jesús de Nazaret, él anunciaba su llegada y la redención de los hombres.

Un día Jesús fue a recibir el bautismo de Juan, pero este se negó, pues para él era el verdadero Maestro, y le dijo que era él, Jesús, quien debía bautizarle. Juan lo bautizó ante la anunciación de Dios que dijo: «Este es mi hijo muy amado, mi predilecto». Fue entonces cuando comenzó la misión pública de Jesús, pero no por ello fue discípulo de Juan; este tenía sus propios seguidores, de los cuales muchos decidieron ir tras Jesús, quien estimaba al Bautista más que a ninguno y, según el Evangelio de Lucas, en cierta ocasión dijo: «No ha surgido entre los nacidos de mujer nadie mayor que Juan el Bautista».

Con su espíritu recto, el Bautista denunció la unión adúltera de Herodes de Agripa con Herodías, la mujer de su hermano. Ella, ante la crítica de un hombre tan respetado, se sintió humillada e ideó un plan matarlo. Durante una cena ordenó a su hija, una muchacha muy bella, bailar ante Herodes y cuando esta lo hizo, tal y como era la costumbre, Herodes le concedió como pago un deseo. Por encargo de su madre, la joven pidió la cabeza de San Juan Bautista y aunque el gobernador apreciaba a Juan porque sus discursos le fascinaban, cumplió su palabra y lo mandó decapitar.

Oración

Gloriosísimo San Juan Bautista, precursor de mi Señor Jesucristo, lucero hermoso
del mejor Sol, trompeta del Cielo, voz del verbo eterno, sois el mayor de los santos
y abanderado del Rey de la Gloria; más hijo de la gracia que de la naturaleza
y por todas las razones, príncipe poderosísimo en el Cielo; otórgame el favor
que te pido, la liberación de mis pecados, tan conveniente para mi salvación. Amén.

San Pablo

Apóstol y patrón de la prensa católica y los teólogos
Fiesta el 29 de junio

San Pablo nació en Tarso, en la región de Cilicia, durante la primera década de la era cristiana y recibió como nombre Saúl, en honor al primer rey judío de la historia. Pablo se convirtió en un fariseo convencido. Odiaba a los cristianos y los persiguió con saña, partipando muy activamente en el martirio de San Esteban.

Sin embargo, un acontecimiento portentoso cambió su vida. En el año 36, Pablo se presentó ante las autoridades judías ofreciéndose para hacer una campaña destinada a eliminar a los cristianos. Cuando iba camino de la sinagoga de Damasco para iniciar la persecución, vio en el cielo una luz intensa que lo cegó, al tiempo que oyó una voz que le decía: «Saulo, Saulo, ¿por qué me persigues?». Consternado, comprendió que era el auténtico y único Dios que le hablaba.

Al llegar a su destino, se presentó ante los cristianos, que le rechazaron. Sin embargo, uno de ellos supo que la conversión de Pablo era auténtica y le ayudó. Pablo tuvo que sufrir la persecución de los judíos ocultándose en Jerusalén, con ayuda de los apóstoles Bernabé y Pedro. Con el primero marchó en su primera misión evangélica a Antioquía, que se convirtió en el principal centro de los cristianos convertidos y donde surgió la denominación de «cristianos» para los seguidores de Cristo. Los discípulos de Jesús, que eran judíos, creían que su Maestro había llegado a la tierra para la salvación de su pueblo; fue Pablo quien explicó que Cristo se había hecho hombre para salvar a la humanidad entera. Hacia el año 67, los soldados romanos le capturaron y Nerón ordenó su decapitación.

Oración

Glorioso apóstol San Pablo,
vaso escogido del Señor para
llevar su santo nombre por toda
la Tierra, por la paciencia con
que sufriste persecuciones,
cárceles, azotes, cadenas,
tentaciones,
y naufragios, y sobre todo,
por aquella prontitud por la que
a la primera voz de Cristo en el
camino de Damasco te rendiste
enteramente a la gracia, te ruego
que consigas del Señor que
imite tus ejemplos, peleando
contra mis pasiones sin apego
ninguno a las cosas temporales
y con aprecio de las eternas.
Amén.

San Pedro

Apóstol y patrón de los pescadores
Fiesta el 29 de junio

San Pedro nació en Betsaida, Galilea. Su nombre era Simón, pero Jesús lo cambió por el de Pedro. De origen humilde, trabajaba como pescador en el lago de Genesaret con su hermano Andrés para la familia de Zebedeo; ambos eran amigos de los apóstoles San Jacobo y San Juan. Atraído por la palabra de Dios, se convirtió en discípulo de San Juan. Cierta vez estaba Pedro pescando y apareció el Maestro, seguido por una multitud. Para el apóstol el día había resultado infructuoso, los peces parecían haber desaparecido del lago. Ya se disponía a recoger las redes cuando Jesús le pidió que le adentrara en el lago con su barca y Pedro accedió.

El Maestro le dijo que echase las redes de nuevo y él obedeció. Al instante, las redes se llenaron de peces y Pedro, sabiendo quién era Jesús, le confesó humildemente que su alma no estaba libre de pecado, a lo que respondió Jesús: «No temas, Simón, desde ahora serás pescador de hombres». Pedro aceptó y con el tiempo cumplió ese cometido. Desde entonces, Jesús le llamó «la primera piedra de la Iglesia», de ahí su nombre, Pedro, y le puso a la cabeza del apostolado. Cuando Cristo fue apresado en el pretorio, una esclava denunció a Pedro como uno de sus seguidores y, al ser interrogado, negó tres veces conocer a Jesús, como este le había dicho que haría durante la última cena. Por este acto de debilidad derramó amargas lágrimas de arrepentimiento.

A la muerte de Jesús, Pedro evangelizó y fue obispo en la Iglesia de Antioquía y en la de Roma. Allí fue capturado junto con San Pablo el 29 de junio del 67 y condenado a morir en la cruz; con humildad, pidió que se le pusiera boca abajo para no imitar la muerte del inimitable.

Oración

A ti, Señor, invocando a San Pedro,
príncipe de los apóstoles
y cabeza del pueblo de la alianza,
te pedimos por su intercesión
que nos concedas un amor profundo
a tu Iglesia y a su cabeza visible
y tu representante en la tierra,
el Romano Pontífice.
Por Jesucristo,
Nuestro Señor.
Amén.

María Magdalena

Patrona del camino de Santiago
Fiesta el 2 de julio

María Magdalena nació en Magdala, por eso en los Evangelios se la llama así, o María de Magdala. En algunos Evangelios se cita a la hermana de Lázaro, llamada también María y residente en Betania. En un principio, se pensó que ambas podían ser la misma persona; hoy se considera que son dos personas diferentes. María Magdalena es la mujer más allegada al Maestro. Su cercanía a Jesús es ejemplo de la infinita misericordia y bondad del Señor y enseña que todo pecador arrepentido es tan bien acogido y amado como el más recto de los hombres. Según la tradición canónica, es la mujer a la que Jesús salvó de ser lapidada por adúltera, episodio relatado en el Evangelio de San Juan, expulsando después de su cuerpo a siete demonios. Cuando Jesús se trasladó a Galilea, un grupo de mujeres, con María Magdalena a la cabeza, les dio alojamiento y comida. Fue ella quien enjugó con sus cabellos los pies del Maestro y también quien presenció la ascensión del Señor junto a otras mujeres.

Durante siglos, el calendario litúrgico utilizó para ella el apelativo de «penitente»; en su festividad se leía un pasaje del Evangelio de Lucas en el cual se habla de la mujer pecadora. Pero en 1969, el papa Pablo VI retiró del calendario litúrgico tal apelativo y la Iglesia la dejó de considerar una prostituta arrepentida.

Según una tradición de la Iglesia ortodoxa, tras la muerte de Jesús, María Magdalena fue a predicar a Roma. Allí, frente al emperador Tiberio y sosteniendo un huevo de gallina, exclamó: «¡Cristo ha resucitado!». Burlándose de ella, Tiberio le contestó que eso era tan probable como que el huevo se volviera rojo y, en el acto, la cáscara se tiñó de ese color. Todo parece indicar que este hecho dio origen a la tradición de pintar huevos en Pascua.

Oración

A imitación de la gran Santa María Magdalena,
vengamos en espíritu de amor a ofrecer a Jesús,
presente en la Santa Misa, el tesoro de nuestras alabanzas.
Hagámosle compañia, como las dos hermanas Marta y María;
adornemos su altar, con ese recio espíritu de fe que no teme
el escándalo farisaico, con todo el esplendor
que conviene a la casa de Dios. Amén.

Santa Verónica

Patrona de Mercatello y Castello,
protectora de las enfermedades eruptivas
Fiesta el 9 de julio

Santa Verónica nació en 1660 en Mercatello, Italia, bajo el nombre de Úrsula Giuliani y en el seno de una familia noble. Úrsula sintió que su vocación era dedicarse al servicio del Altísimo en un convento. Podemos leer en su diario: «Oyendo leer la vida de algunos santos mártires, me dio gran deseo de padecer. Entre los tormentos que padecieron estaba el de haber sido abrasados; y al oír esto, también yo sentía deseos de ser quemada por amor a Jesús, tanto que hallándonos en invierno, puse una mano en el brasero. Todos los de casa lloraban, pero yo no recuerdo haber derramado una lágrima».

A los diecisiete años se enfrentó a los deseos de su padre de casarla con un apuesto caballero, e ingresó en el convento de las clarisas capuchinas de Città di Castello, en Umbría. Allí recibió el nombre de sor Verónica. El obispo que recibió a las novicias ese día le dijo a la abadesa que dejaba especialmente a su cargo a sor Verónica porque algún día iba a ser una gran santa.

Pasó por todos los oficios del convento: atendió la cocina, la despensa y la enfermería; fue sacristana, maestra de novicias y abadesa del convento. Sus éxtasis la elevaban al cielo, se imponía penitencias tortuosas en las que no encontraba dolor sino alegría, y en su cuerpo mostraba los estigmas de la Pasión de Cristo. El Sábado Santo de 1727, había sentido cómo su corazón se transformaba en el conjunto de objetos que llevaron a cabo la Pasión de Jesucristo. Al morir el 9 de julio de ese año, los médicos fueron testigos del milagro: el corazón de Verónica imitaba las formas de clavos, martillos, cuerdas, y otros instrumentos de la Pasión.

Oración

Santa Verónica Bendita,
haz que el fruto de mi
trabajo aumente y el éxito
me acompañe, me quieran
mis seguidores y mi
persona y mi arte se
graben en su mente como
la Santa Faz de Cristo se
te grabó a ti para siempre.
Escucha por favor mi
súplica, Santa Verónica,
a ti que el Señor te dio
los más diversos trabajos
dentro de su casa,
a ti que Dios te hizo
responsable de varios
menesteres, pide al
Misericordioso y
Bondadoso que se apiade
de mi vida. Amén.

San Cristóbal

Mártir y patrón de los chóferes
Fiesta el 10 de julio

San Cristóbal nació hacia el siglo III en la región de Canaán, entre el mar Mediterráneo y el río Jordán. Su estatura gigantesca llamaba la atención, de modo que, dadas sus condiciones físicas, ofreció su fuerza al emperador de Roma.

No sabía rezar y, por su estatura, no podía ayunar; por ello decidió llevar sobre sus hombros a los peregrinos de una orilla a otra del río. Un día, un niño le pidió que le llevara; él pensó que sería un trabajo fácil, pero cuando lo puso sobre sus hombros, comprobó con asombro que su peso lo doblegaba. Intrigado, preguntó al niño quién era y él le respondió que era Jesús y que llevaba encima los pecados de todos los hombres. Dicho esto, allí mismo le bautizó con el nombre por el que se le conoce hoy. A partir de este episodio recorrió las tierras como evangelizador hasta que el emperador Decio mandó profanar las iglesias y obligó a hacer sacrificios a los dioses paganos. Cristóbal se negó a adorar a nadie que no fuera el Dios verdadero, razón por la que el prefecto de su tierra ordenó que le sometieran a distintos tormentos. De todos ellos, Cristóbal salió milagrosamente ileso. Cuando el prefecto dio la orden de que le dispararan flechas, ninguna acertó su cuerpo, aunque sí un ojo del prefecto. El mártir le indicó que, tras ser decapitado, recogiera su sangre y se untara el ojo con ella. El prefecto así lo hizo y al ver que su ojo curó milagrosamente, abrazó la fe cristiana.

El proceso de canonización de San Cristóbal no fue fácil, pues los escasos testimonios históricos se mezclan con las leyendas. En 1969, se revisó el calendario litúrgico y San Cristóbal fue excluido del Santoral, pero se respetó el derecho a su veneración y su representación iconográfica.

Oración

Dame, Señor, mano firme y mirada vigilante
para que a mi paso no cause daño a nadie.
Haz en fin, Señor, que no me arrastre el vértigo de la
velocidad y que, admirando la hermosura de este mundo,
logre continuar y terminar mi camino con toda felicidad.
Te lo pido, Señor, por los méritos e intercesión de San
Cristóbal, el patrón de los conductores. Amén.

San Benito

Primer fundador de una orden religiosa
Fiesta el 11 de julio

San Benito nació en Nursia, Italia, en el 480, junto a su hermana gemela, Santa Escolástica. Italia estaba libre del Imperio Romano, de modo que sus padres pudieron consagrar a Dios a Escolástica y enviar a Benito a la escuela de letras de Roma. Su conciencia madura le hizo renunciar a los placeres temporales y seguir el camino de la satisfacción eterna. Partió de Roma y se retiró a una cueva solitaria acompañado por un monje. Desde allí, comenzó a evangelizar a todos los que se acercaban. Cierto día, una mujer le tentó carnalmente; el santo se arrojó a unas ortigas y esta victoria contra la tentación le envió cientos de discípulos con los que ocupó un monasterio. Pero sus jóvenes seguidores no mostraron la rectitud necesaria, así que les abandonó y volvió a retirarse en la cueva. Posteriormente, hubo más hombres que siguieron su ejemplo, levantando hasta doce monasterios.

Tiempo después marchó a Casino, un fuerte establecido en la falda de un monte, donde había un templo pagano dedicado al dios Apolo. San Benito derribó el altar del recinto y, en su lugar, construyó un oratorio a San Juan; en lo que quedaba del templo levantó otro para San Martín. Construyó finalmente un monasterio y creó la orden de los Benedictinos.

San Benito es el patrón de Europa, sus milagros fueron frecuentes y están narrados en el segundo capítulo del Libro de los Diálogos, obra del papa San Gregorio Magno. En este texto se recogen los testimonios de cuatro de sus discípulos, entre los que cabe citar el anuncio de la muerte de varios de sus compañeros, y de la de su hermana, que le transmitió una paloma. También de la suya propia, seis días antes de que ocurriera, el 21 de marzo de 547.

Oración

Santísimo Confesor del Señor, Padre y Jefe de los monjes,
por favor intercede por nuestra salud. Destierra de esta casa las asechanzas
del maligno espíritu y líbranos de funestas herejías, de malas lenguas y hechicerías.
Por favor, pídele al Señor que remedie nuestras necesidades espirituales
y corporales. Y, por favor, pide también por el progreso del corazón cristiano
y porque mi alma no muera en pecado mortal para que así, confiado en tu poderosa
intercesión, pueda algún día en el Cielo cantar las eternas alabanzas.
Por Jesucristo nuestro Señor que está en la Gloria del Cielo. Amén.

Santa Marina

Mártir
Fiesta el 18 de julio

Santa Marina nació hacia el 119 en Balcagia, actual Bayona. Era hija de Lucio Castelio Severo, gobernador romano de Galicia y Lusitania. Cierto día el gobernador salió de viaje y, en su ausencia, nació Marina junto a sus ocho hermanas, de un mismo parto. Temerosa la madre de que su esposo la acusara de adúltera al no creerse que las nueve niñas hubieran nacido al mismo tiempo, ordenó a su fiel criada Sila que ahogase a las criaturas en el río Miño. Sila, que era cristiana, no cumplió la orden y distribuyó a las pequeñas en diferentes casas amigas. San Ovidio bautizó a las nueve hijas del gobernador y las niñas fueron educadas en la religión cristiana.

El gobernador, al enterarse de la historia de las muchachas, les ofreció el trato y los lujos que les correspondían por nacimiento a cambio de renunciar a su religión, pero las jóvenes se negaron y fueron enviadas a prisión. Poco después, consiguieron escapar y se dispersaron, pero Marina fue capturada de nuevo y, el 18 de enero de 139, tras sufrir un penoso martirio, murió decapitada. En el lugar donde cayó su cabeza, brotaron tres manantiales de aguas milagrosas.

Oración

Santa de Misericordia, ejemplo nuestro, seguridad y fortaleza para los trabajos interiores, exteriores y espirituales que nos rodean. Vuelve vuestros ojos a ver nuestras miserias y aflicciones; consuélanos a todos los que te veneramos, consolando a los afligidos, dando salud a los enfermos, suavizando nuestros males, alcanzándonos perdón para los pecados, gracias al Santísimo nuestro Señor. Amén.

Santa Justa

Mártir y patrona de los alfareros
Fiesta el 19 de julio

Santa Justa nació en Sevilla en el 268, cuando la ciudad estaba bajo el mando del Imperio Romano, y junto con su hermana Rufina, se dedicó a la alfarería. Las jóvenes se educaron en la religión cristiana, pese al clima de persecución reinante.

Cuenta la leyenda que en el 287 los romanos preparaban la conmemoración del fallecimiento del dios Adonis y que, para recaudar fondos, pidieron la colaboración de los sevillanos. Unas mujeres que portaban una estatua de Venus llamaron a la puerta del taller de Justa y Rufina, pero ellas no sólo se negaron a colaborar, sino que rompieron la estatua. Por este hecho fueron encarceladas; durante el juicio se les instó a que abjuraran de su religión bajo la amenaza del martirio. Las jóvenes se mantuvieron fieles a sus creencias y fueron llevadas nuevamente a las mazmorras, castigadas sin comida ni agua y, en vista de que aguantaban el castigo con integridad, el prefecto romano les ordenó caminar descalzas hasta Sierra Morena. Debilitadas por los malos tratos y la falta de alimentos, pudieron alcanzar la montaña, victoria que les llevó de nuevo a la mazmorra de castigos, donde Santa Justa murió.

Oración

Río que fecunda la tierra, sangre que fluye del Calvario
en el silencio hacia el universo. Estimados Mártires, gritad vuestra dicha,
a los hombres sin esperanza, llevadles la esperanza,
que sólo el amor es la fuerza del mundo,
el amor que fluye del corazón del Señor. Amén.

Santa Cristina

Virgen y mártir
Fiesta el 24 de julio

Santa Cristina nació en el siglo IV en la Toscana. Su padre, Urbano, era el prefecto de la región y gran perseguidor de cristianos. Creció viendo cómo su padre aniquilaba a aquellos hombres que, a menudo, preferían la muerte a venerar a los dioses romanos; esta entereza, que nacía de la fe más absoluta, hizo que, a escondidas, indagara acerca de esa religión prohibida. Unas mujeres cristianas le contaron la vida de Jesús. Así comprendió la fuerza que guiaba a los cristianos que se enfrentaban al martirio y organizó su bautizo secreto, en el que cambió su nombre por el de Cristina.

Cuenta la historia que su padre tenía una exquisita colección de figuras de oro que representaban los dioses romanos. Cierto día Santa Cristina quiso hacer un gran donativo a los cristianos y, para ello, mandó fundir las estatuillas. Cuando su padre lo supo, la encerró en la cámara de torturas y le aplicó los peores tormentos, pero milagrosamente, las heridas de la niña desaparecían. Entre castigo y castigo, Urbano falleció y entró un nuevo gobernador. Este pensaba que los castigos de su predecesor debían de haber sido muy flojos, y se lanzó a acabar con la vida de la cristiana. Tras numerosas pruebas dolorosas, la postró ante la estatua del dios Apolo. Prodigiosamente, la estatua saltó en pedazos contra el gobernador y lo mató. Por último, entró un nuevo gobernador, quien ya había trazado un plan para convertir a Cristina o, si no era posible, matarla. La encerró en una habitación llena de serpientes venenosas, pero la joven salió ilesa; le cortó la lengua, pero, milagrosamente, siguió hablando de Dios. Finalmente, atravesó su cuerpo con saetas y Cristina ofreció su espíritu al Señor.

Oración

Amada virgen y mártir Santa Cristina, bien conocéis nuestra necesidad,
que ponemos bajo vuestra poderosa intercesión. Te ruego intercedas por
nosotros, y nos alcances la perseverancia en la fe, fortaleza
en nuestra esperanza, y acrecentéis nuestra caridad.
Por Jesucristo Nuestro Señor. Amén.

San Joaquín

Padre de la Virgen María y patrón de los mineros
Fiesta el 26 de julio

San Joaquín nació en Nazaret, al oeste del mar de Galilea. Fue esposo de Santa Ana y padre de María, la Virgen. Tanto el santo como su mujer pertenecían a una familia acomodada; pero, pese a tener una edad avanzada, no tenían hijos. Cierto día, Joaquín se presentó en el templo dispuesto a ofrecer un sacrificio, pero uno de los sacerdotes se lo impidió diciendo que los hombres sin descendencia no eran dignos de ser admitidos. Sumamente apesadumbrado, el santo se dirigió a la montaña y allí oró con fervor a Dios rogándole la concepción de Ana. Mientras, su esposa, sabedora de la razón de su ausencia, suplicó a Dios un hijo prometiendo que dedicaría toda su vida a su servicio. Los ruegos de ambos fueron escuchados por el Cielo. Un ángel se presentó ante Ana y le dijo: «Ana, el Señor ha mirado tus lágrimas; concebirás y darás a luz y el fruto de tu vientre será bendecido por todo el mundo». Luego se presentó ante Joaquín y le hizo la misma promesa que a su esposa.

El matrimonio regresó a Nazaret y tuvieron a María, que después fue elegida para ser la madre de Jesús. Lo último que se sabe de Joaquín es que murió en su pueblo natal.

Oración

Bienaventurados sois, oh, santos Joaquín y Ana, por habernos dado aquella niña benditísima, que alcanzó la más alta dignidad que puede tener criatura, pues vino a ser Madre del mismo Dios hecho hombre, pues sois padres de la Madre de Dios porque engendrasteis por gracia y por don sobrenatural a la que nos dio a Jesucristo, fuente de gracia y Salvador del mundo. Amén.

Santa Ana

Patrona de las mujeres trabajadoras y de los mineros
Fiesta el 26 de julio

Según la tradición, Santa Ana nació en Galilea, pero pasó gran parte de su vida en Jerusalén. Estaba casada con Joaquín y formaban una familia rica y piadosa, pero sin hijos. Un ángel le dijo que iba a concebir y que el fruto de ello sería reconocido y bendecido por todo el mundo.

Tiempo después, Ana dio a luz en su casa y a la niña que nació, la llamó Miriam (María). En el lugar donde tuvo lugar este suceso, un milenio después se erigió la basílica de Santa Ana, en Jerusalén. Consagró a su hija María en el Templo de Jerusalén a temprana edad, cumpliendo lo pactado con Dios. Poco después de la boda de María con José, su esposo falleció y se quedó sola. Los suplicios que tuvo que pasar su hija con la pasión y muerte de Jesús la marcaron profundamente.

A Santa Ana, además de ser la patrona de las mujeres trabajadoras por su gran labor de educar a la madre del Redentor, se le atribuye el patronazgo de los mineros, pues su descendencia se puede comparar con una emanación de oro y plata, por Jesús y la Virgen María.

Oración

Gloriosa Santa Ana, Patrona de las familias cristianas, a Ti encomiendo mis hijos. Sé que los he recibido de Dios y que a Dios les pertenecen; por tanto te ruego me concedas la gracia de aceptar lo que su Divina Providencia disponga para ellos. Bendícelos y tómalos bajo tu protección. Amén.

Santa Marta

Patrona de los anfitriones y de los hoteleros
Fiesta el 29 de julio

Santa Marta nació en el siglo ı y fue coetánea de Jesús. Vivía en Betania, población cercana a Jerusalén, junto a sus hermanos menores, María y Lázaro. Jesús eligió esa ciudad como lugar de descanso y Marta lo invitó a que se hospedara con ellos y se dedicó a servirle día y noche, mientras su hermana María se entregaba a la contemplación a los pies de Cristo.

Marta, dolida, se quejó a Jesús de lo injusta que era María al pasar el día a su lado, y Jesús le explicó que la contemplación era sagrada y necesaria para alcanzar la salvación eterna. Jesús no le dio a entender que era más rica la actitud de María, sino que cada labor tiene su compensación, pues la dedicación de Marta permitía la contemplación de su hermana, y sin su diligencia, Jesús habría quedado descuidado.

Estaba su hermano Lázaro enfermo y las hermanas avisaron a Jesús. A la llegada del Maestro, Marta salió a recibirle, mientras María permaneció junto a Lázaro. Cuando Lázaro falleció, Jesús comunicó a Marta que resucitaría con estas palabras: «Yo soy la resurrección y la vida. El que cree en mí, aunque haya muerto, vivirá». Marta también asistió al banquete de Simón el Leproso a Jesús.

Después de la ascensión de Cristo, Marta, su hermana y otros bautizados marcharon a predicar a Francia y la santa pasó allí sus últimos días en penitencia. De ese período muchas leyendas cuentan la muerte a sus pies de un monstruoso dragón; por esa razón, a veces se la representa sobre uno de estos animales fantásticos.

Oración

Amable protectora mía, Santa Marta, que tuviste la inefable dicha de hospedar a Jesús en tu casa. Dichosa tu mansión de Betania, bendecida tantas veces con la presencia del Huésped divino, y cuyos moradores, tú misma y tus santos hermanos, Lázaro y María Magdalena, fuisteis tantas veces honrados con las visitas de Jesús, de su Madre Santísima y de los Apóstoles. Amén.

Santo Domingo de Guzmán

Fundador de la Orden de los Predicadores
Fiesta el 8 de agosto

Santo Domingo de Guzmán nació hacia 1170 en Caleruega, Burgos. Sus padres, don Félix de Guzmán y doña Juana de Aza, descendían de la familia real castellana. Con siete años fue enviado a la escuela parroquial de Gumiel de Hizán, donde el sacerdote arcipreste, su tío Gonzalo de Aza, iniciaba a los hijos de familias nobles en la carrera eclesiástica. Domingo vivió bajo la tutoría de su tío hasta los catorce años; a partir de entonces se alejó de su familia para ingresar en la escuela de Artes en Palencia, donde recibió la tonsura e inició sus estudios en Teología. Con veinticinco años, Domingo era sacerdote en Palencia, catedrático y profesor de la Sagrada Escritura.

En 1205, Alfonso VIII le nombró embajador extraordinario para presentarse ante la corte danesa con el Obispo de Osma y concertar las bodas del príncipe Fernando. Así viajó a través de Europa, sobre todo por Dinamarca e Italia. En Roma tuvo clara su vocación evangelizadora. La Iglesia francesa vivía una situación crítica debido a la herejía cátara y Domingo, al terminar las embajadas en 1206, acordó con Inocencio III establecerse en Languedoc para convertir a los cátaros.

Formó su primera congregación predicadora en 1214 y la llamó Santa Predicación; después fundó la que sería la primera casa de la Orden Dominica, bajo la Regla de Santo Domingo que más tarde aprobó Honorio III el 21 de enero de 1217. Poco después, este Pontífice le encargó la misión de salvar a Italia de la misma herejía que asolaba a Francia. Domingo de Guzmán falleció en el convento de Bolonia, Italia, a los cincuenta y un años, con la satisfacción de saber que su orden tenía unas setenta casas. A él se debe la tradición de rezar el rosario, ya que fue la misma Virgen quien le enseñó la manera de utilizarlo.

Oración

Gloriosísimo Padre mío Santo Domingo, elegido de Dios para sus grandes designios en el mundo, predilecto de la Reina de los cielos, cuyas glorias y amor publicasteis y difundisteis, danos nuevamente el triunfo de la verdad sobre el error y aparta el brazo vengador de la Divina justicia sobre los pecadores.
Por Nuestro Señor Jesucristo. Amén.

San Lorenzo

Mártir y patrón de los cocineros
Fiesta el 10 de agosto

San Lorenzo nació en el siglo III en Huesca. Fue uno de los siete diáconos que servían al papa San Sixto II; para asistirle y distribuir las ayudas entre los pobres. El Imperio romano era pagano y en 257, el emperador Valeriano ordenó una primera persecución contra los cristianos. La sede episcopal romana consiguió escapar de esta primera acometida, pero al año siguiente el emperador dictaminó que se acabase con los eclesiásticos y con el Papa romano. El ejército arrasó la ciudad y encontró al Pontífice, San Sixto II, el 6 de agosto de 258, cuando oficiaba una misa a campo abierto. Con él se encontraban cuatro diáconos y todos fueron prendidos y muertos tras el martirio. Lorenzo, Felicísimo y Agapito no estaban presentes, pero ese mismo día los dos últimos fueron capturados y también sufrieron el martirio. San Lorenzo se salvó por segunda vez y, consciente de que le quedaban pocos días de vida, repartió el oro y la plata de los altares entre los pobres. Cuando lo encontraron, le ordenaron que entregara los objetos de valor de la Iglesia y San Lorenzo pidió tres días para recogerlos. Ese tiempo lo empleó para reunir a los pobres y enfermos a los que había ayudado y, con ellos, se presentó ante el alcalde de Roma.

El alcalde no comprendió al principio por qué, en lugar de joyas y objetos valiosos, San Lorenzo presentó a las personas más despreciadas del imperio en vez de haber traído sacos de objetos preciosos; el santo le explicó que esa gente que veía ante él era el verdadero tesoro que guardaba la Iglesia. Este acto enfureció de tal manera a la autoridad romana que San Lorenzo, en vez de ser decapitado como sus compañeros, fue martirizado con diversos métodos el 10 de agosto de 258. Murió abrasado sobre el fuego, pero en lugar de sentir dolor, experimentó la felicidad de saber que pronto estaría en el reino de los cielos, junto al Altísimo.

Oración

Mártir fortísimo de
Jesucristo, Señor San
Lorenzo que en testimonio
del aprecio, que hacías de la
dicha de ser cristiano,
abandonaste las comunidades
de tu casa y caminaste a
Roma con el deseo de
instituirte allí como en centro
de la cristiana religión y de
sus verdades; alcánzame de
Dios y me ajuste con mis
buenas obras al arancel de la
virtudes que pide la fe en
Jesucristo. Amén.

Santa Clara

Patrona de los orfebres y los clarividentes
Fiesta el 11 de agosto

Santa Clara nació el 11 de julio de 1194 en Asís, en la provincia de Perugia, Italia. Desde muy pequeña, Clara se dedicó a la oración. Cuando en su adolescencia conoció a Francisco de Asís, que estaba predicando en la catedral de San Rufino, se sintió identificada con su espiritualidad y eso facilitó los planes del ingreso de la joven en un convento. En 1212, huyó de su casa y se dirigió a la iglesia Porciúncula, residencia de la Orden Franciscana de Hermanos Menores. En la capilla hizo sus tres votos monásticos, cambió su rico traje por un sayal, cortó su cabellera y se dirigió al convento benedictino de San Pablo. Su familia, que quería casarla con un noble caballero, intentó recuperarla, pero Clara les disuadió y se trasladó a otro convento.

Su hermana Inés ingresó en el mismo convento a los pocos días y, más tarde, su otra hermana. A la muerte de su padre, su madre se unió a ellas. Las tres se negaron a seguir la Regla Benedictina, por lo que las monjas del convento determinaron que no podían continuar en la comunidad. San Francisco las trasladó al convento de su iglesia de San Damián y así nació la segunda Orden Franciscana, la Orden de las Clarisas, cuya regla fue confirmada por Inocencio III en 1215.

Su estilo de vida comprendía el trabajo dentro del claustro y las salidas al pueblo a mendigar. Santa Clara se convirtió en la abadesa de San Damián. Durante toda su vida fue ejemplo de humildad vistiendo un hábito áspero y durmiendo en lecho de paja. Estando enferma, sin poderse mover, reunió fuerzas para asistir a las misas de Porciúncula, donde recibió la sagrada comunión. Murió el 11 de agosto de 1253; su cuerpo incorrupto descansa en la basílica de Santa Clara de Asís.

Oración

Gloriosísima Virgen y dignísima Madre Santa Clara, espejo clarísimo de santidad y pureza, base firme de la más viva fe, incendio de perfecta claridad, rica tú en virtudes, escúchame: que con tu inmensa piedad se limpien nuestras almas de sus manchas y culpas, y destituidas de todo efecto terrenal sean dignas del divino templo. Por favor, presenta mi ruego en el despacho divino si fuese para mayor gloria de Dios y bien espiritual mío. Amén.

San Roque

Patrón de los picapedreros y protector contra las epidemias y de los canes
Fiesta el 16 de agosto

San Roque nació en el siglo XIV en Montpellier, ciudad francesa que pertenecía al reino de Mallorca. Su padre era el rey de Mallorca. La juventud de Roque estuvo agraciada con una excelente educación. A la muerte de su progenitor, rechazó la corona y repartió su fortuna entre los pobres. Se cree que Roque nació con una cruz roja en el pecho, símbolo premonitorio de lo que sería su vida.

Despojado de cuanto tenía, marchó en peregrinación a Roma. En el camino se hospedó en hospitales donde curó a los enfermos de peste con solo hacer sobre ellos la señal de la cruz. Quizá Roque, como hijo del rey, cursó estudios de Medicina en Montpellier. Estuvo tantos años con los infectados, que él mismo contrajo la enfermedad y se retiró para no contagiar a otros. Un perro le llevaba todos los días un panecillo y lamía las llagas de su cuerpo. El animal pertenecía a un hombre adinerado, Gottardo Pallastrelli, que, intrigado, siguió al perro y descubrió a San Roque moribundo; lo llevó a su casa y le brindó sus cuidados. A cambio, el santo le contó la historia de Jesús, tal y como se narra en los Evangelios.

Cuando San Roque recuperó su salud, el buen hombre que le atendió, entusiasmado con la palabra de Dios, marchó en peregrinación, y el santo regresó a Montpellier, su ciudad natal. Lo hizo de incógnito, con sus ropas de peregrino, pues no quería regresar a la vida de palacio. La enfermedad le había dejado secuelas profundas y había quedado tan desfigurado que era difícil reconocerlo. Su tío, el nuevo rey, lo mandó prender al tomarlo por un espía. Por ello pasó algunos años como recluso en su propio reino. Al fallecer pudo ser reconocido y desde entonces se pide su intercesión contra epidemias.

Oración

Oh, glorioso San
Roque, que por vuestro
ardiente amor a Jesús
habéis abandonado
riquezas y honores
y buscasteis la
humillación, enseñadme
a ser humilde ante Dios
y los hombres.
Alcanzadme el favor que
os pido si es para honra
vuestra, gloria de Dios
y salvación de mi alma.
Amén.

Santa Elena

Patrona de los arqueólogos
Fiesta el 18 de agosto

Santa Elena nació hacia el año 247 en un mesón propiedad de sus padres en Daprasano, Nicomedia. Su familia era pagana y pobre. Durante su juventud presenció las persecuciones contras los cristianos. Se ha descrito a Santa Elena como una mujer inteligente y bondadosa. Quizá fueran estas virtudes las que hicieron que un valiente general y prefecto del pretorio durante el gobierno de Maximiano se enamorara de ella. Era un hombre tan pálido que había recibido el sobrenombre de Cloro. Cuando Elena tenía 23 años contrajeron matrimonio y tras él, la santa acompañó a su marido a Germania e Inglaterra. Cuatro años después nació su único hijo, Constantino.

En el año 292 Constancio se divorció de Elena para casarse con la hijastra de Maximiano, Flavia Maximiana Teodora. Los motivos que le impulsaron a ello fueron políticos, ya que con este matrimonio Constancio establecía lazos con los miembros de la tetrarquía. La decisión de su marido provocó un profundo dolor en Santa Elena; aún más doloroso fue que le separaran de su hijo Constantino, que empezó a educarse en palacio, junto a su padre.

En el año 306 Constancio Cloro falleció, de modo que Constantino tuvo que entablar diversas batallas por el trono. En vísperas de una de ellas, la de Saxa Rubra, apareció sobre el sol una cruz con la leyenda: «Con este signo vencerás». Constantino venció, fue proclamado emperador y llevó a vivir consigo a su madre en Tréveris, otorgándole el título de Emperatriz Augusta. Desde esa posición, la santa influyó en el corazón de su hijo para que suavizara las leyes bárbaras contra los delincuentes. Solía visitar las cárceles y distribuía los bienes de que podía disponer entre los pobres. Sus sabios consejos y su ejemplo hicieron convertir al catolicismo a su hijo.

Oración

Santa Elena, tú que al abrir tu
mente y corazón a la luz
del Evangelio y al encontrar
el madero de la Cruz te convertiste
en modelo de todas las virtudes
cristianas, ayúdanos a romper
las ataduras del pecado y volver
a los brazos de Dios nuestro
Padre. Amén.

San Agustín

Obispo de Hipona y Doctor de la Iglesia
Fiesta el 28 de agosto

San Agustín nació el 13 de noviembre de 354 en Tagaste, Numidia, en la actual Argelia. Su padre, Patricio, no era cristiano, pero su madre, Santa Mónica, sí lo era, y extraordinariamente piadosa. A los diecinueve años, gracias a la lectura de Cicerón, se interesó por la Filosofía. Es en este periodo cuando conoce a una mujer con la que convivió catorce años y con la que tuvo un hijo llamado Adeodato. Su máximo afán era alcanzar la verdad, pero con el paso del tiempo, llegó a la conclusión de que su búsqueda era inútil y cayó en un completo escepticismo.

Un día, mientras paseaba por la playa tratando de desentrañar el misterio de la Santísima Trinidad, vio a un niño jugando en la orilla junto a un hoyo. El niño se levantó, corrió hacia el agua, llenó el cubo y lo volcó en el hoyo. Así, una y otra vez. La conducta del pequeño intrigó a San Agustín, de modo que le preguntó qué estaba haciendo. «Estoy sacando toda el agua del mar para ponerla en este hoyo», le contestó. El santo, divertido, le dijo que lo que estaba intentando hacer era imposible y el chiquillo respondió: «Más imposible es tratar de comprender en tu mente pequeña el misterio de Dios». Durante muchos años se debatió interiormente en su incansable búsqueda de la verdad hasta que, en el año 336 decidió dedicarse a las ideas del cristianismo. Renunció a su cátedra y se retiró con su madre y unos compañeros a una localidad próxima a Milán. Al año siguiente, con 33 años, fue bautizado. Regresó a su ciudad natal en 338 y allí vendió sus bienes repartiendo el dinero entre los pobres; luego se retiró con sus compañeros para hacer vida monacal. De esta experiencia nació la Regla Agustina. Fue nombrado obispo de Hipona y murió el 28 de agosto de 430.

Oración

Amado santo, tú primeramente estuviste centrado en el hombre y te adheriste a las enseñanzas falsas. Finalmente, te convertiste por la gracia de Dios y llegaste a ser un teólogo orante, centrado en Dios, en su amor y en su predicación. Ayuda a los teólogos en sus estudios de la verdad revelada. Ayúdales a seguir siempre el magisterio de la Iglesia en su esfuerzo por comunicar las enseñanzas de la tradición en una forma que resulte atractiva al mundo de hoy. Amén.

Santa Rosa de Lima

Santa Rosa nació en Lima, Perú, en 1586. Desde joven se dedicó ya a una vida de piedad y virtud y, cuando vistió el hábito de la Tercera Orden de Santo Domingo, hizo grandes progresos en el camino de la penitencia y de la contemplación mística. Se la tiene por defensora de la ciudad de Lima, porque gracias a sus oraciones murió el capitán de los piratas holandeses que iban a asolar la ciudad.

Su cuerpo se venera actualmente en la basílica dominica de Santo Domingo en Lima. Fue beatificada por Clemente IX y declarada «Patrona de Lima». El 12 de abril de 1671 fue canonizada por Clemente X. Ese mismo año, se la declaró Patrona de América y Filipinas. El 10 de septiembre de 1958, la Santa Sede Apostólica la declaró Patrona de las enfermeras peruanas.

Oración

Gloriosa Santa Rosa de Lima, tú que
supiste lo que es amar a Jesús con un
corazón tan fino y generoso, enséñanos
tus grandes virtudes para que,
siguiendo tu ejemplo, podamos gozar de
tu protección en la tierra y de tu
compañía en el cielo.
Amén.

ROSA
CORDIS MEI TVA
TV MIHI
SPONSA
ESTO

Santa Rosalía

Patrona de Palermo y protectora contra las epidemias
Fiesta el 4 de septiembre

Santa Rosalía nació en 1130 en Palermo, y vivió en la corte de la reina Margarita y del rey Guillermo de Sicilia, quienes le regalaron el monte Pellegrino. Era, pues, una joven virgen que pertenecía a la nobleza. Con posterioridad se retiró a la soledad del monte para dedicarse a la oración y la penitencia hasta su muerte, en 1160.

En 1623, ya fallecida, hizo su primer milagro. Se le apareció en sueños a una mujer enferma y le dijo que hiciera una peregrinación hasta el monte Pellegrino para hallar sus restos con la promesa de que, a cambio, recobraría la salud. La mujer emprendió la marcha un año más tarde, y Santa Rosalía se le apareció al llegar al monte para indicarle dónde se ocultaba su cuerpo, de modo que la mujer organizó una búsqueda con el arzobispo de Palermo hasta que lo hallaron. En ese momento, se produjo el milagro y la mujer se restableció.

Cumpliendo su voluntad, se le dedicó un santuario con sus reliquias y según la tradición gracias a eso se superó una epidemia de peste.

Oración

Por intercesión de la admirable Santa Rosalía, tu hija bien amada, que desechando sus bienes terrenales se adentró en la soledad de una cueva donde aplicó la más severa penitencia a su cuerpo con el fin de ofrecer ese sacrificio al Altísimo, te rogamos, oh, Dios, que te dignes oír nuestras humildes súplicas. Por Jesucristo, nuestro Señor. Amén.

San Nicolás de Tolentino

Presbítero predicador, patrón de las almas santas
Fiesta el 10 de septiembre

San Nicolás de Tolentino nació en 1245 en la región de las Marcas, Italia. Desde pequeño escuchó la palabra divina y siendo muy joven fue escogido para el cargo de canónigo, pero su espíritu de entrega le impulsaba a convertirse en predicador, por ello ingresó en la Orden de San Agustín. Le destinaron a Tolentino y allí pasó sus últimos treinta años predicando la palabra de Dios por las calles con sermones tan elocuentes que multiplicaban las conversiones. Realizó numerosos milagros de sanación tocando a los enfermos con sus manos. El más conocido es el de los panes milagrosos, bendecidos por la Virgen, que repartía entre los dolientes para que se curaran.

Murió en 1305. Cuarenta años después descubrieron que su cuerpo se hallaba incorrupto; le amputaron ambos brazos, de los cuales brotó una gran cantidad de sangre. Esos miembros incorruptos se conservan en relicarios y, periódicamente, vuelve a brotar la sangre de ellos.

Oración

¡Oh, glorioso Taumaturgo y Protector de las almas del Purgatorio, San Nicolás de Tolentino! Con todo el afecto de mi alma te ruego que interpongas tu poderosa intercesión en favor de esas almas benditas, consiguiendo de la divina clemencia la condonación de todos sus delitos y sus penas, para que saliendo de aquella tenebrosa cárcel de dolores, vayan a gozar en el Cielo de la visión beatífica de Dios. Y a mí, tu devoto siervo, alcánzame, la más viva compasión. Amén.

SCS. NICHOLAVS DETOLETINO

EGO PAT
RIS MEI A
VGVSTIN
I PRECEP
TTA SERV

AVI ET
MANEO
IN EIVS
DILECTIO

San Juan Crisóstomo

Patrón de los predicadores
Fiesta el 13 de septiembre

San Juan Crisóstomo nació en Antioquía, Siria, en 347. Desde muy joven, el santo tuvo cualidades como orador, de ahí el nombre de Crisóstomo, «boca de oro». Estudiaba con Libanio, un gran orador pagano, cuando un encuentro con el obispo Meletio hizo que cambiara su vida: desde entonces su casa se convirtió en su «monasterio» y se dedicó a la Teología y la oración. Muerta su madre, se fue a una cueva para limpiar su alma mediante la penitencia. Transcurrieron cuatro años y su salud se vio dañada por los continuos ayunos, a tal punto que un viejo anacoreta le aconsejó que si quería ser útil predicando la palabra del Señor tendría que recuperarse. Juan siguió su consejo y se ordenó sacerdote.

Sus discursos eran escuchados por el pueblo emocionado ante su brillantez, hecho que llegó a oídos del emperador, que le nombró arzobispo de la ciudad. En sus discursos criticaba el lujo y ensalzaba la oración y la limosna. Estas ideas enfurecieron a la emperatriz, quien amaba las riquezas de palacio, y ordenó su exilio. El pueblo se levantó en protesta cuando supo de la marcha de Juan y fue casualidad divina que en ese momento se produjera un terremoto. Eso fue suficiente para que la emperatriz, asustada, le llamara para que continuase con sus sermones. Uno de los más emblemáticos fue el Discurso de las Estatuas. Lo escribió con motivo de una disputa entre el emperador y el pueblo, y cuando presentó los veinte discursos que lo formaban pudo lograr que ambas partes alcanzaran un acuerdo y vivieran en paz.

Falleció en la costa oriental del mar Negro, en una ermita de Comano. Sus restos fueron trasladados después a la basílica de San Pedro del Vaticano.

Oración

La oración es luz del alma, verdadero conocimiento de Dios, mediadora entre Dios y los hombres. Por ella nuestro espíritu, elevado hasta el Cielo, abraza a Dios con abrazos inefables; por ella nuestro espíritu espera el cumplimiento de sus propios anhelos y recibe unos bienes que superan todo lo natural y visible.

Cuando digo a alguno: Ruega a Dios, pídele, suplícale. Mientras no recibas, pide para conseguir, y cuando hayas conseguido da gracias. Amén.

Santa Eufemia

Mártir

Fiesta el 16 de septiembre

Santa Eufemia nació en 289 en Calcedonia, cerca de Estambul. Era hija de un senador influyente, Filofronos, y de su mujer, Teodosia. Cuenta la tradición que en 303 Prisco, gobernador de Calcedonia, organizó unos sacrificios para la deidad de Ares a los cuales debía acudir toda la población. Para no rendir culto a un dios pagano, Eufemia y otros cristianos se ocultaron en una casa, pero fueron descubiertos y apresados por desobedecer las órdenes del gobernador. Todos se negaron a hacer los sacrificios requeridos y Eufemia, la más joven, fue separada de sus compañeros para quebrantar su espíritu. La santa, pese a las torturas, entre ellas, la rueda, tal y como figura en su iconografía, mostró entereza y devoción. Murió en la arena por las heridas provocadas por un oso salvaje, aunque la tradición la representa enfrentándose a los leones.

Cuando Diocleciano se hubo retirado, el pueblo la veneró como virgen y mártir levantando una catedral en su honor, donde descansaron sus restos. Un siglo después, en dicha catedral se celebró el Concilio de Calcedonia, donde, prodigiosamente, la santa participó. Se disputaba entre los principios del monofisismo y la ortodoxia y, como la asamblea no llegaba a ningún acuerdo, decidieron que la santa les comunicaría la solución.

Las dos partes enfrentadas colocaron un documento describiendo su fe sobre el pecho de Santa Eufemia y, a continuación, cerraron el sarcófago. El recinto fue sometido a vigilancia y, pasados tres días, levantaron la tapa de la tumba. Vieron que la santa tenía entre sus manos el papel de los ortodoxos; a sus pies estaba el escrito monofisista. Desde entonces fue protectora de la ortodoxia.

Oración

Santa Eufemia, te rogamos, pide al Señor Jesús, Redentor de la humanidad, que derrame el Espíritu Santo sobre nuestra parroquia, nuestro pueblo de bautizados, para que renueve nuestra fe, fortalezca nuestra débil esperanza, y nos libre de todo mal, de todo pecado. Intercede por nosotros. Amén.

Santa Hildegarda de Bingen

Abadesa y patrona de la medicina natural
Fiesta el 17 de septiembre

Santa Hildegarda nació en 1098 en Bermersheim, un pueblo alemán a orillas del Rin. Era la menor de los diez hijos de una familia noble y sus padres la pusieron al servicio del Señor cuando aún era una niña. Fue recluida en un monasterio masculino que tenía un grupo de mujeres acogidas bajo la dirección de la superiora Jutta. Allí le dieron una educación rudimentaria. Era una niña débil y enfermiza, tenía problemas para caminar y sus ojos no podían hacer grandes esfuerzos. A la muerte de Jutta, las monjas que vivían con ella la eligieron abadesa. La comunidad creció y abrió cerca del Rin el convento de Rupertsberg, el primer convento de monjas autónomo.

Debido a su frágil salud, participaba poco en las tareas comunes y pasaba mucho tiempo a solas, lo que le permitió desarrollar una intensa vida interior. Con cuarenta y dos años tuvo visiones muy vívidas y continuadas, y recibió el encargo de escribirlas. Realizó algunos viajes dedicados a la predicación y un año antes de morir, tuvo ocasión de mostrar la fortaleza de su espíritu. En el cementerio cercano a su convento, había sido enterrado un joven excomulgado. La jerarquía eclesiástica quería que se sacara el cuerpo del lugar pero la santa, sabiendo que el joven se había reconciliado con la Iglesia antes de morir, se opuso y logró que los restos permanecieran allí.

Hildegarda falleció a los ochenta y un años. Se dice que cuando estaba a las puertas de la muerte aparecieron en el cielo dos arcos muy brillantes y de diferentes colores en forma de cruz.

Oración

Espíritu Santo, haz que me dé cuenta de tu presencia y de los incontables
otros santos, así mientras oramos el Divino Oficio con Amor.
Concédeme, como a Santa Hildegarda, que las palabras de mi boca
y la meditación de mi corazón sean aceptables ante Tu Presencia.
Señor, abre nuestros labios, y nuestra boca te alabará. Amén.

San Mateo

Apóstol y evangelista
Fiesta el 21 de septiembre

San Mateo nació en la época de nuestro Señor y residió en Cafarnaum. En algunos Evangelios se le conoce también como Leví, hijo de Arfeo. Al convertirse al cristianismo cambió su nombre por el de Mateo, que significa «don de Dios». Era recaudador de impuestos, oficio odiado por los judíos, pues lo recolectado se destinaba a una nación extranjera. Mateo cobraba por el peaje de los que iban a buscar agua cerca de un lago donde solía acudir Jesús. Así, en muchas ocasiones pudo verle realizar milagros. Su conversión llegó el día en que Jesús se le acercó y le dijo: «Ven y sígueme». El evangelista abandonó su próspera posición y se unió al Maestro.

Para celebrar su cambio de vida invitó a sus amigos a un gran almuerzo en su casa en el que Jesús fue el invitado de honor. Se reunieron los compañeros de Mateo y los apóstoles, fueran pecadores o santos. Los más devotos se escandalizaron, pero Jesús dijo que no había venido al mundo para salvar a los santos, sino a los pecadores. Mateo se convirtió en uno de los doce apóstoles.

Tras la resurrección de Cristo, Mateo recibió treinta y nueve azotes, como los demás apóstoles, por comunicar que el Salvador había resucitado, lo cual dio origen a la persecución de los cristianos. Emigró a Etiopía, evangelizó a sus gentes y llevó una vida austera. Cuenta la historia que el sucesor del rey de Etiopía quería casarse con la hija de su predecesor, pero ella había consagrado su virginidad a Dios. El rey ordenó a Mateo que intercediese para que la joven cambiase de opinión, pero este se negó, lo que le valió el martirio y la muerte. Su Evangelio es un escrito breve que narra la vida de Jesús y que ha servido para difundir su palabra y cosechar conversiones.

Oración

Dios, que por la boca de tu bendito Hijo llamaste a Mateo,
del banco de los tributos, para que de publicano se convirtiese en apóstol
y evangelista, danos gracia para renunciar a toda avaricia,
y desordenado deseo de riquezas, y para seguir al mismo Jesucristo tu Hijo,
que en unidad del Espíritu Santo vive y reina contigo eternamente. Amén.

San Vicente de Paúl

Patrón de las obras de caridad
Fiesta el 27 de septiembre

Asesor de la reina Margarita, confesor de la regente Ana de Austria y preceptor de la familia de los Gondi, Vicente de Paúl es llamado al gabinete del rey Luis XIII para darle la extremaunción. Nació en 1581 en una pequeña casa rural en las afueras de la aldea de Pouy (que, desde el siglo XIX, se llama Saint Vincent de Paul en su honor), en el departamento de Las Landas. Allí se levanta el Berceau de Saint Vincent de Paul, muy parecido a la casa en que nació y vivió junto a su modesta familia. Era el tercero de seis hermanos, por lo que muy pronto tuvo que contribuir con su trabajo a la economía doméstica. Su inteligencia le llevo a iniciar una carrera eclesiástica: cursó estudios primarios y secundarios en Dax, y de Filosofía y Teología en Toulouse. Se ordenó muy joven, a los veinte años, con la intención de ser párroco de inmediato y así poder ayudar a su familia.

Con treinta años llegó a París, donde, por recomendación de un prestigioso amigo sacerdote, Pedro de Berulle, posteriormente cardenal, entró en 1613 en la importante casa de los señores de Gondi como preceptor de los niños y, posteriormente, director espiritual de la señora. Su recorrido por las tierras de los Gondi le dio un conocimiento profundo de las precarias condiciones de vida materiales y espirituales de los campesinos, y también del clero parroquial que les atendía. Por ello dedicó su vida a la evangelización y redención de la población campesina y a la formación de sus sacerdotes. Su acción se fue ensanchando hasta incluir condenados a galeras, enfermos, pobres, niños abandonados, soldados heridos, esclavos, ancianos desamparados, mendigos y nativos paganos de Madagascar. Esa fue su vida hasta el amanecer del 27 de septiembre de 1660, cuando murió. Fue canonizado en 1737.

Oración

Oh, apóstol insigne de la caridad, glorioso San Vicente de Paúl, que viviendo en el mundo os hicisteis a todo y a todos, para ganarlo a Jesucristo, extendiendo vuestro celo por la salvación de los prójimos y remedio de sus necesidades a todas las clases de la sociedad y a toda especie de miserias; alcanzadme del divino Apóstol de nuestras almas, Cristo Jesús, su verdadero espíritu de caridad. Amén.

San Damián

Mártir y patrón de los médicos
Fiesta el 27 de septiembre

San Damián nació en el siglo II en Arabia junto a su gemelo Cosme, quien también
ha sido canonizado. Ambos compartieron sus vivencias, y trabajaron como un eficaz
equipo de evangelización. Bondadoso y con una extraordinaria humanidad, se dedicó
a socorrer al prójimo y, al igual que Cosme y otros tres hermanos, quienes también
aparecen en el martirologio romano, murió dando ejemplo de fe y devoción. Estudió
ciencias en Siria y llegó a ser un médico muy respetado, al igual que su gemelo. Tras
finalizar sus estudios, se fue a vivir con Cosme a una localidad de Sicilia llamada
Aegeae. Uno de los hechos que les reconoce como grandes médicos fue el trasplante
de una pierna. El enfermo la había perdido, y Cosme y Damián le pusieron en su lugar
el miembro de una persona que acababa de morir. Esa difícil operación, hace 1800
años, no se trata de un hecho científico, sino un auténtico milagro.

Fueron los primeros cristianos en ser apresados por el ejército de Diocleciano: los
arrojaron al mar atados a una piedra, pero una ola les devolvió milagrosamente a la
orilla. Intentaron quemarlos en una hoguera, pero las llamas alcanzaron a los verdugos. Trataron de atravesar sus cuerpos con flechas, pero estas se desviaron;
finalmente, Diocleciano ordenó que fueran decapitados. Cuando llevaron sus cuerpos sin vida a Siria, el pueblo erigió una catedral en su honor, amén de dos templos
en Constantinopla y otro bellísimo en Roma. La espada con la que sus cabezas fueron
cortadas se conserva como reliquia en Essen, Alemania, y aparece en el escudo de
dicha ciudad. Se les atribuyen numerosas curaciones después de su muerte, entre las
que destaca la de Justiniano I de Constantinopla que, padeciendo una gravísima
enfermedad, se encomendó a ellos y sanó.

Oración

Al recordar hoy el triunfo de tus mártires San Cosme y San Damián,
tu Iglesia, Señor, te glorifica y te da gracias, porque, en tu admirable
providencia, a ellos les has dado el premio merecido
de la gloria eterna y a nosotros la ayuda
de su valiosa intercesión. Amén.

San Jerónimo

Patrón de los traductores y de los bibliotecarios
Fiesta el 30 de septiembre

San Jerónimo nació entre los años 331 y 347 en Estridón, Italia. Estudió ciencias y letras con Donato, uno de los profesores más famosos. Recibió el bautismo hacia los dieciocho años, pero sus ideas seguían las de su mentor, pagano.

Tras pasar tres años en Roma, decidió viajar para ampliar sus conocimientos y, al apartarse del frívolo entorno romano, estuvo varios años en el desierto dedicado a la penitencia y al estudio. A su regreso a Roma, el papa Dámaso le nombró secretario, trabajo que compaginó con la revisión de la versión latina de los Evangelios y la Biblia, de la que hizo una traducción al latín conocida como Vulgata. A los cuarenta años fue ordenado sacerdote, pero puso como condición servir en reclusión monástica. Como la clase alta no apreciaba a los monjes de clausura, le acusaron en falso de tener relaciones con su amiga Paula. Tras esas injurias marchó a Tierra Santa donde pasó sus últimos treinta y cinco años en una gruta junto a la Cueva de Belén. Allí fundó un convento para hombres y tres para mujeres. Murió en el 420.

Oración

Oh, Señor, Dios de la verdad, que la palabra sea una luz en nuestro camino. Damos las gracias por tu amado siervo Jerónimo, a quien siguiendo sus pasos trabajamos para traducir las Santas Escrituras en el lenguaje de la gente; y rogamos al Espíritu Santo para que nos ilumine cuando leemos la Santa Escritura, y que Cristo, la palabra viva, nos transforme según su voluntad; por Jesucristo nuestro Señor, que vive y reina ahora y siempre, y por los siglos de los siglos. Amén.

Santa Teresita del Niño Jesús

Doctora de la Iglesia y patrona de las misiones católicas
Fiesta el 1 de octubre

Santa Teresita del Niño Jesús nació el 2 de enero de 1873 en Alençon, Francia, bajo el nombre de María Francisca Teresa Martín Guerín. Era la menor de cinco hermanas; todas fueron religiosas. Al tomar la Primera Comunión en 1884 su hermana mayor, María, ya había ingresado en el monasterio del Carmelo en Lisieux, y Teresa expresó sus deseos de convertirse en religiosa y que le gustaría retirarse al desierto a orar; ese mismo mes se consagró a la Virgen María y se confirmó. A los catorce años convenció a su padre para peregrinar a Roma y visitar a León XIII. Ante el Pontífice tuvo el atrevimiento de romper la regla de silencio pidiéndole permiso para ingresar en el convento a los quince años. A pesar de su juventud, el Papa no se opuso, de modo que logró el permiso de la madre superiora del Carmelo. El 9 de agosto de 1888 se convirtió en la novicia más joven del convento. Se ciñó a la dura regla y nunca se escudó en su edad para evitar las severas penitencias. Llevó una vida de oración y penitencia, a la que acompañaron episodios de enfermedad. Proclamaba que el «caminito» que lleva a la Gloria de Dios se hace con los sencillos actos de la vida llevados a cabo con mucho amor.

En junio de 1897 Teresita enfermó gravemente. Sus hermanas, también carmelitas, tomaron notas de sus declaraciones místicas entre las que caben citar: «Después de mi muerte dejaré caer una lluvia de rosas»; «Pasaré mi Cielo haciendo el bien sobre la tierra»; y «Mi caminito es el camino de la infancia espiritual, el camino de la confianza y de la entrega absoluta», frase que describe su doctrina. Su frase «Quisiera ser misionera ahora y siempre y en todas las misiones» la convirtió en patrona de las misiones. Murió el 30 de septiembre de 1897, a los veinticuatro años, e inmediatamente comenzaron sus milagros; entre los que destaca la lluvia de rosas prometida.

Oración

Padre celestial, que por medio de Santa Teresa del Niño Jesús quieres
recordar al mundo el amor misericordioso que llena tu Corazón y que
pongamos en Él nuestra confianza como los niños en sus padres.
Humildemente te damos gracias por haber coronado de tanta gloria
a tu hija Teresa, siempre fiel. Amén.

San Francisco de Asís

Fundador de la Orden Franciscana
y patrón de veterinarios y ecologistas
Fiesta el 4 de octubre

San Francisco nació en Asís, Italia, en 1182. Hijo de un próspero comerciante, al cumplir los dieciséis años, fue llamado para defender al Pontificado de los germanos. Sin embargo, durante la batalla sintió que debía regresar a Asís.

Conmovido por el dolor ajeno, comenzó a quitarle bienes a su padre para ofrecérselos a las iglesias necesitadas, pero su generosidad fue castigada, ya que su padre le llevó a juicio. Francisco devolvió los bienes, se despojó de todo lo que le quedaba y se marchó de la casa paterna. Reconstruyó iglesias pobres e inició su tarea de evangelización. En 1208, una voz le recitó una máxima del Evangelio que aconseja un hábito austero. Francisco comprendió su destino y atrajo a un grupo de misioneros.

En 1209 peregrinó a Roma con sus hermanos para pedir la aprobación de la hermandad. El Papa aceptó verbalmente una regla por la que se guiarían Francisco y sus discípulos en los primeros años. Así se fundó la primera orden franciscana, la Orden de los Frailes Menores. La segunda orden nació en 1212 de la iniciación de Santa Clara, quien acogió la regla de los Hermanos Menores y fundó la Orden de las Clarisas. A finales de la década, San Francisco abandonó Asís para predicar por Oriente. A su regreso escribió una nueva regla que acogía a los seglares que deseaban practicar la pobreza. De esta manera, nació la tercera orden franciscana: la Orden Seglar.

A partir de 1224 se instaló en el monte Alverna para ayunar y orar en soledad. Allí experimentó éxtasis y estigmas de la Pasión y como las heridas no se cerraban, sus hermanos le llevaron a la Porciúncula, donde falleció el 3 de octubre de 1226.

Oración

Señor, haznos instrumentos de tu paz.
Donde haya odio, sembremos amor;
donde haya ofensa, perdón; donde haya discordia, unión;
donde haya duda, fe;
donde haya desesperación, esperanza;
donde haya tinieblas, luz; donde haya tristeza, gozo.
Concede que no busquemos ser consolados, sino consolar;
El Señor te bendiga,
San Francisco. Amén.

San Bruno

Fundador de la Orden de los Cartujos
Fiesta el 6 de octubre

San Bruno nació en Colonia, Alemania, en 1030. Destacó por su capacidad de comprensión y su devoción hacia los asuntos de Dios. Antes de cumplir los veinte años se había ordenado sacerdote y daba clases de Teología en la Universidad de Reims. Fue elegido por el arzobispo para que fuese su secretario. A la muerte del arzobispo le sucedió un hombre inmoral y Bruno le denunció ante el Pontificado. El Papa, ante la valentía del joven, le ofreció la sede episcopal, pero Bruno, en una prueba de humildad, prefirió seguir con sus tareas. La profundidad que aplicó a sus estudios provocó que le surgieran dilemas espirituales y decidió apartarse abandonando tras él riquezas y seguidores. Se instaló en el monasterio de San Roberto, en Molesmes, ciudad de la Borgoña francesa, pero consideró que las reglas eran numerosas y complicadas; lo que él buscaba era sumirse silenciosamente en la oración.

El arzobispo San Hugo soñó que siete estrellas le guiaban a un bosque donde un faro lo iluminaba todo. Al día siguiente, Bruno y seis monjes que le seguían se presentaron ante San Hugo pidiéndole que les señalara un lugar donde retirarse a hacer oración y penitencia. El arzobispo, que identificó a los religiosos con el faro y las estrellas de su sueño, les llevó a un bosque del valle alpino de Cartusia, donde Bruno y sus compañeros construyeron el primer monasterio cartujo con la regla monacal de penitencia, contemplación y silencio.

El papa Urbano II le llamó para que le sirviera de diácono en Roma. Allí el conde Rogelio le regaló una finca en la que Bruno fundó su segundo convento. Falleció el 6 de octubre de 1101.

Oración

«Alegraos, porque os habéis evadido de muchos y diversos peligros y naufragios que hay en el mundo fluctuante. Alegraos, porque habéis llegado a la parte más segura y tranquila del puerto más escondido, en la cual muchos desean llegar, y muchos también lo intentan con algún esfuerzo, pero no lo consiguen».

(San Bruno a sus monjes cartujos)

Santa Taís

Penitente
Fiesta el 8 de octubre

Santa Taís nació en Egipto en el siglo IV, en el seno de una familia avariciosa. Con pocos años se convirtió en la más popular y rica de las cortesanas. Su fama se extendió hasta el desierto de Tebaida donde residían unos monjes eremitas, a los que se prohibió pronunciar su nombre. Allí había un monje apodado Simón el loco, encargado de llevar la fruta y la verdura. Un día, en el mercado, se cruzó con la cortesana y pudo observar su actitud descarada y sus lujosos ornamentos. El monje quedó impresionado y comenzó a soñar noche tras noche con Taís. Desesperado, Simón acudió a sus superiores y ellos, uno tras otro, le impusieron penitencias y oraciones hasta que un día, Simón enfermó. Tras exorcizarle, le dejaron seguir su rutina, pero el monje tomó la decisión de destruir a Taís.

Marchó al mercado disfrazado de caballero y la cortesana le llevó a su alcoba. Allí, el monje empezó a hablar de Dios, con lo que finalmente Taís comprendió que Dios la amaba. Simón la llevó al oasis de Ankkara y la encomendó a la Gran Virgen Emma para que la encerrase en el centro de vírgenes orantes que regentaba. Allí le prohibieron orar para que no contaminase el nombre divino y le ordenaron hacer diez postraciones diarias repitiendo: «Tú que me creaste, ten piedad de mí».

Pasado un año, el monje tuvo una revelación en la que se le anunció que el espíritu de la perversidad había abandonado el cuerpo de Taís. Cuando Simón le comunicó su inminente libertad, Taís se negó a salir. También se ofreció a enseñarle nuevas oraciones, pero ella le aseguró que su frase le era suficiente para llegar a Dios y que, desde que Dios le hablaba, ya no tenía más voz. Taís continuó tapiada dos años más y cuando abandonó la celda y se unió a sus compañeras, falleció a las dos semanas.

Oración

Señor, tú que pusiste al hombre de buena fe en el camino de la pecadora Tais y así la salvó de caer más en la tentación y la libró del mal, por favor pon en mi camino a personas de buena fe, para que me guíen en la vida que nos has dado y no la utilice mal. Señor, por favor, ayúdame a ser un buen cristiano, una buena persona, y que sepa identificar los escondites. Te rogamos señor. Amén.

San Lucas

San Lucas nació en Antioquía, antigua capital de Siria, hoy Turquía. Se instruyó en Medicina y llegó a dominar el griego y la cultura helénica. Cuando el apóstol San Pablo entró en Antioquía para convertir a los paganos, Lucas se acercó a su iglesia y, tras oírle, abrazó la fe cristiana. Como San Pablo era un hombre enfermizo y Lucas un excelente médico, el apóstol le invitó para que le acompañara en su misión evangelizadora. Lucas aceptó y, desde entonces, fue su compañero hasta el día de la muerte de Pablo en Roma.

Viajó con San Pablo a diversas regiones como Troas, Fenicia y Jerusalén, y conoció a otros evangelistas y apóstoles e, incluso, a la Virgen María, quien le contó en Efeso, detalladamente, la vida de Jesús. Se le atribuye la autoría del tercer Evangelio, que lleva su nombre, y del libro de los Hechos de los Apóstoles. Se cree que estos libros fueron escritos mientras San Pablo se encontraba preso en Roma. Según algunas fuentes, Lucas falleció tras el martirio y, según otras, por causas naturales en Acaya. Sus reliquias se hallan en Padua, Italia, en la basílica de Santa Justina.

Oración

¡Oh, Dios, que sanas las enfermedades de tu pueblo, y que llamaste a Lucas, el médico amado, para que fuese uno de tus evangelistas!
Concédenos que en la saludable doctrina de tu Palabra transmitida por él, hallen nuestras almas la medicina eficaz para todas tus dolencias; por Jesucristo, nuestro Señor. Amén.

Santa Úrsula

Virgen y mártir
Fiesta el 21 de octubre

Santa Úrsula nació en el antiguo reino de Cornwall, Inglaterra y era hija de Dionotus, el rey cristiano que gobernaba esas tierras. El emperador Maximiano había conquistado parte de los pueblos de Bretaña y se los había cedido al príncipe bretón, Conanus Meriadocus, que pidió a Dionotus un grupo de damas formado por su hija y once mil vírgenes nobles para cumplir ese cometido. El rey de Cornwall las embarcó rumbo a Bretaña, pero los vientos desviaron el barco hacia costa norte de Germania, región ocupada por los hunos, quienes decidieron hacerlas suyas. Como ellas rehusaron satisfacer sus salvajes expectativas, las asesinaron sin piedad.

Otras leyendas la sitúan en una persecución de cristianos en Oriente, alterando el número de vírgenes que le acompañaban. Todas la versiones surgieron después del siglo IX y se basaron en una inscripción tallada en una piedra de Colonia, escrita en un latín confuso. Este texto sólo demuestra que hubo un grupo de vírgenes que murieron martirizadas en un lugar de Colonia, donde se halló la piedra y hoy se erige la basílica, entre los siglos III y V.

El martirologio, los calendarios y otros textos litúrgicos del siglo IX introducen el nombre de Úrsula como virgen mártir de Colonia, a veces junto a otros diez nombres; formando así el número once que tanto aparece en las leyendas de las once mil mártires. Ese texto recoge, con el de Úrsula, los siguientes nombres: Sencia, Gregoria, Pinnosa, Martha, Saula, Brítula, Saturnina, Rabacia, Saturia, y Paladia.

En 1535, Santa Ángela de Mérici fundó la Orden de las Ursulinas, una comunidad religiosa para niñas cuya patrona fue Santa Úrsula.

Oración

Señor, Dios nuestro, concedednos la gracia de celebrar las victorias de Santa Úrsula y sus compañeras, mártires, con devoción duradera, a fin de que, si no podemos rendirles todo el honor que ellas merecen, por lo menos les presentemos nuestros humildes homenajes. Por Nuestro Señor Jesucristo. Amén.

San Judas Tadeo

Patrón de las causas imposibles
Fiesta el 28 de octubre

Judas Tadeo nació en Caná, en el año 1 de la era cristiana. También se le conoce por el nombre de Judas de Santiago o por el de Tadeo. Judas significa «celoso de Dios» y Tadeo, «valiente, de pecho robusto». Era hermano de Santiago el Menor y de otros dos hombres a quienes el Evangelio llama «hermanos» de Jesús. Pero en hebreo, «hermanos» significa pariente directo. Su padre se llamaba Cleofás y su madre, María, pariente de la Virgen.

Cuando Cristo comenzó a predicar, Judas lo dejó todo para ir con Él. En la Última Cena Judas preguntó a Jesús: «¿Por qué revelas tus secretos a nosotros y no al mundo?», y este le respondió que ellos le amaban a Él y obedecían sus órdenes y que el Padre, el Hijo y el Espíritu Santo habitan en el alma de quien ama y obedece. Durante diez años recorrió Mesopotamia y luego, ante el concilio de los apóstoles regresó a Jerusalén. Poco después partió hacia Libia, donde se encontró con Simón. Predicaron juntos en esa región y luego se trasladaron a Persia. Allí recibieron martirio en Suanis: a Judas le dieron muerte con una cachiporra, de ahí que este elemento suela estar presente en su representación, y le cortaron la cabeza.

En el Nuevo Testamento hay una carta atribuida a él. En ella denuncia las herejías que surgían en esa época y previene a los cristianos contra los falsos profetas. Denuncia los males que aquejan al mundo, como la lujuria y la soberbia, y anima a los seguidores de Cristo a amar al prójimo, difundir sus enseñanzas y ser pacientes. La carta concluye con una alabanza a Dios por haber ofrecido en sacrificio a Jesús, su Hijo bien amado, con el fin de redimir los pecados de la humanidad.

Oración

Apóstol glorioso, San Judas Tadeo, que expandiste la verdadera fe hasta
las naciones más lejanas; que ganaste a la obediencia a Jesucristo de muchas
tribus y pueblos con el poder de tu santa palabra, concédeme, te suplico, que
desde este día yo renuncie a toda actitud pecaminosa, que sea preservado
de todo mal pensamiento y pueda siempre obtener tu protección,
especialmente en todo peligro y dificultad. Amén.

San Martín de Porres

Religioso dominico patrón de la paz universal
Fiesta el 3 de noviembre

Martín de Porres nació en 1579 en Lima, Perú. Hijo de un español y una joven mulata, su padre era el gobernador de Panamá y le dio una buena educación. La instrucción religiosa la recibió de su madre. Desde niño sintió compasión por los pobres; les ayudaba y les daba el dinero. Aprendió a ser barbero y, de ahí llegó a interesarse por la Medicina y la Cirugía, conocimientos que puso al servicio de los necesitados. En su contacto con los enfermos les hablaba de Dios. Al cumplir quince años ingresó en el convento dominico de Lima. Sirvió con humildad y caridad durante diez años y después fue aceptado como hermano de la orden. Recogía enfermos o heridos para cuidarlos. Poco a poco convirtió el convento en un hospital, lo que provocó protestas de otros religiosos, ya que infringía la clausura. También curaba animales heridos, y aunque administraba medicinas a los enfermos, sobre todo les hacía recuperar la salud con el contacto de sus manos, que obraban milagros. Prueba de la fuerza que en ellas tenía es que las hacía germinar con la misma facilidad con que obtenía la obediencia de los animales. Cierta vez quienes estaban con el santo vieron cómo daba de comer en el mismo plato a un perro, un gato y un ratón.

Recaudando dinero, pudo fundar el Asilo de Santa Cruz para acoger a vagabundos, huérfanos y otros desafortunados. Fueron famosos sus éxtasis y sus levitaciones; según numerosos testigos, estuvo en diversos lugares al mismo tiempo. Cuando se desató una gran epidemia de viruela en Lima, el santo trabajó día y noche para ayudar a enfermos y moribundos y debido al esfuerzo que realizó, cayó enfermo y supo que su vida en este mundo llegaba a su fin. Murió el 3 de noviembre de 1639.

Oración

Señor, Tú que dijiste «pedid y recibiréis», humildemente te suplicamos los hombres que, por la intercesión del santo Martín de Porres, escuches nuestros ruegos: renueva, te suplicamos, los milagros que por su intercesión durante su vida realizaste, y concédenos la gracia que te pedimos si es para bien de nuestra alma. Señor Misericordioso, te rogamos también que sigamos el camino de la caridad, humildad y sencillez diariamente, tal y como lo hizo Martín de Porres. Amén.

San Carlos Borromeo

Arzobispo y patrón de los catequistas y seminaristas
Fiesta el 4 de noviembre

San Carlos Borromeo nació el 2 de octubre de 1538 en el ducado de Milán, Italia. Su padre era conde y su madre, Margarita de Médici, hermana de Pío IV. Recibió la tonsura de niño y fue enviado a Milán para estudiar humanística. La elección de su tío como Papa fue decisiva, ya que el Pontífice le llamó para que estuviera junto a él, en Roma. Carlos solo tenía veintiún años, pero su tío no dudó en dejarle a cargo de la administración de los Estados de la Iglesia y de la Secretaría de Estado. La impresión que producía entre los embajadores no era muy buena, porque su timidez y modestia no eran adecuadas para estas tareas. La muerte de su hermano en 1562 le hizo reflexionar e inició una vida más espiritual y austera. Su tío se vio arrastrado también a la contemplación, la oración y el estudio. Tal concentración en el deber religioso le colocó a la cabeza del obispado de Milán.

Trabajó en el tercer Concilio de Trento, en el cual se trataba de conciliar y unificar a los católicos. Fue su tío quien inició y concluyó esta renovación de la Iglesia donde, si no se unificaron protestantes y católicos, al menos se mejoró el rigor de los asuntos eclesiásticos. A la muerte de Pío IV, en 1565 y dos años después de la clausura del Concilio, entró en el pontificado Pío V y la sede episcopal milanesa, con San Carlos como obispo, mejoró rápida y considerablemente.

En 1576 la peste azotó la ciudad y fue conocida como la peste de San Carlos, ya que el obispo demostró una heroica abnegación al salir por las calles pidiendo limosna sin temor al contagio. En un acto de generosa solidaridad, vendió lo poco que quedaba de su patrimonio. Finalmente, agotado por su trabajo contrajo una enfermedad que acabaría rápidamente con su vida en Milán en 1584.

Oración

Omnipotente y misericordioso Dios que concediste con vuestra piedad en el mundo
que, cual un ángel de ardiente caridad, viniese a consolarlo vuestro bienaventurado
siervo San Carlos Borromeo; quien lo edificó con sus grandes virtudes,
siendo el modelo de los prelados en la Iglesia de Milán,
el honor del episcopado del siglo XVI. Amén.

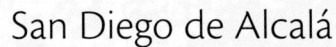

San Diego de Alcalá

Patrón de los franciscanos legos
Fiesta el 13 de noviembre

San Diego de Alcalá nació en el siglo XIV en San Nicolás del Puerto, al norte de Sevilla, España. Desde muy joven se consagró a Dios como ermitaño en la capilla de San Nicolás de Bari y después entró en la ermita de Albaida de Aljarafe, también en Sevilla. Luego fue trasladado al convento de San Francisco de Arruzafa, en Córdoba, como lego en la Orden de los Franciscanos Menores de la Observancia. Ellos le enviaron en misión evangelizadora a las Islas Canarias. Peregrinó a Roma junto a otros frailes para asistir al Jubileo de 1450. A su llegada, la ciudad sufrió una epidemia donde improvisaron un hospital en un convento. Fray Diego se encargó de su dirección y ahí nació su fama, ya que realizó muchas curaciones milagrosas. En otra ocasión, un niño quedó encerrado en un horno y quienes lo encendieron no se dieron cuenta de que estaba ahí. Cuando San Diego pudo sacarlo, el pequeño estaba completamente ileso, milagro que fray Diego atribuyó a la Virgen María.

Sus últimos años los pasó en España; se trasladó al convento de Santa María de Jesús de Alcalá de Henares, en Madrid, donde estuvo hasta su fallecimiento en 1456. Su cuerpo no sufrió rigor mortis y quienes lo velaron dieron fe de que emitía una milagrosa fragancia. Enrique IV de Castilla visitó los restos para pedir por la curación de Juana la Beltraneja. Este último milagro fue decisivo para que el franciscano fuese canonizado e inmortalizado por la pluma de Lope de Vega.

Su canonización tuvo lugar en 1588 y es la única que se produjo en el siglo XVI. Usó el nombre de fray Diego de San Nicolás y con él está registrado en la bula de canonización, aunque en el Santoral aparece como San Diego de Alcalá.

Oración

Señor, haz de mí un instrumento de tu paz.
Que allá donde hay odio, yo ponga el amor.
Que allá donde hay ofensa, yo ponga el perdón.
Que allá donde hay discordia, yo ponga la unión.
Oh, Señor, que yo no busque tanto ser consolado, cuanto consolar,
ser comprendido, cuanto comprender, ser amado, cuanto amar.
Porque es dándose como se recibe,
es muriendo como se resucita a la vida eterna. Amén.

San Leandro

Arzobispo
Fiesta el 13 de noviembre

San Leandro nació alrededor del año 555 en Cartagena, España. Fue el mayor de tres hermanos: Fulgencio, Isidoro y Florentina, todos canonizados como él y conocidos como los Cuatro Santos de Cartagena. Huyendo de la ocupación bizantina, su familia se instaló en Sevilla, donde Leandro ingresó de joven en un monasterio. Al fallecer su padre, se encargó de la educación de sus hermanos y después ingresó en el monasterio y se dedicó a luchar contra la herejía arriana. Entró en el arzobispado de Sevilla en 584, antes de que Leovigildo, rey visigodo arriano, tomara la ciudad. Su carácter firme y cultivado lo elevó a la sede episcopal hispalense y dirigió la lucha contra Leovigildo. Sevilla pasó a ser gobernada por uno de sus hijos, Hermenegildo, quien se había casado con la cristiana Ingunda. Esta le llevó ante San Leandro para que actuara a favor de su conversión y Hermenegildo recibió el bautismo. Cuando Leovigildo se enteró de la conversión de su hijo al cristianismo, se sintió traicionado e inició una guerra civil en la que desterró y luego asesinó a Hermenegildo. Como vio en el obispo Leandro al culpable de la conversión del joven, lo desterró de Sevilla. Leandro siguió actuando contra la herejía desde su destierro hasta que, finalmente, Leovigildo permitió la entrada en su reino a todos los obispos católicos. Con su llegada se produjo una conversión masiva entre los visigodos.

Leovigildo murió en 585 y el reino visigodo pasó a manos de su hijo Recaredo. Poco después se celebró el III Concilio de Toledo y Recaredo se convirtió al cristianismo, al igual que su difunto hermano, gracias a la influencia de San Leandro. El I Concilio de Sevilla, convocado y presidido por el propio Leandro, fue el centro de la restauración visigoda. El santo falleció hacia el 598, en Sevilla. Su hermano, San Isidoro de Sevilla, continuó su labor.

CREDITE
O GOTHI
CONSVBS
TANTIALEM
PATRI

Oración

San Leandro, fiel seguidor de Jesús, incansable maestro, con tu palabra y con tu vida, te pido por mi familia: que no nos falte la unión; que nuestros hijos se críen con la tranquilidad de saber que les queremos; cuídalos con todo el cariño que nosotros les damos; que no les falte la salud y el trabajo. Por favor, haz que seamos como tú, incansables en el trabajo apostólico, que los más necesitados nos encuentren siempre junto a ellos, Amén.

San Alberto Magno

Doctor de la Iglesia y patrón de los estudiantes de Ciencias Naturales
Fiesta el 15 de noviembre

Alberto Magno nació en 1206 en Baviera. Entre los pocos datos que se conocen de su juventud se sabe que estudió desde los dieciséis años en Padua, Italia, donde vivía su tío. Tomó el hábito dominico y se dedicó al estudio de la Filosofía aristotélica. Cuando su padre supo de su pertenencia a la orden de los frailes mendicantes, se enfureció y le amenazó con sacarle de allí a la fuerza. Para protegerlo, los superiores lo enviaron en secreto a otro convento, probablemente el de Colonia.

Alberto obtuvo el grado de profesor en la Universidad de París. Sus enseñanzas atraían tanto público estudiantil que tuvo que celebrarlas en la plaza parisiense que hoy lleva su nombre: Maubert. Abandonó París cuando le llamaron desde Alemania para ser superior provincial; recorrió el camino a pie, mendigando para comer y hospedarse hasta que alcanzó su destino.

Fue nombrado rector de la universidad dominica de Colonia donde tuvo, entre sus discípulos, al brillante Santo Tomas de Aquino. Destacó en Física, Geografía, Astronomía, Mineralogía, Alquimia y Biología. Fue descubridor del arsénico y también demostró que la tierra era redonda. Pero su mayor mérito fue su demostración de la utilidad de la Filosofía aristotélica para ordenar la Teología. Desde entonces, los hombres de ciencia moderaron su incredulidad ante la fe cristiana.

En 1274 le nombraron obispo de Ratisbona, Baviera, y regresó al convento de Wurzburgo para continuar, más tarde, sus enseñanzas en Colonia. Predijo la muerte de su discípulo, Santo Tomas de Aquino, y defendió su doctrina, que coincidía en muchos aspectos con la suya propia, en París. Falleció el 15 de noviembre de 1280.

Oración

Señor, Tú que has hecho
insigne al obispo San
Alberto Magno, porque
supo conciliar de modo
admirable la ciencia divina
con la sabiduría humana,
concédenos a nosotros
aceptar de tal forma su
magisterio que, por medio
del progreso de las ciencias,
lleguemos a conocerte y a
amarte mejor. Por nuestro
Señor Jesucristo. Amén.

Santa Gertrudis de Helfta

Patrona de los místicos
Fiesta el 16 de noviembre

Santa Gertrudis de Helfta nació en Alemania en 1256. Aunque no se sabe con certeza, se sospecha que sus padres eran pobres o que era hija ilegítima. Con cinco años la abandonaron en el monasterio benedictino de Helfta, de ahí su nombre, aunque también se le conoce como Santa Gertrudis la Grande o Magna. Al pasar por el noviciado estudió Teología, Filosofía, Literatura y Música. Su profesora fue Santa Matilde, mujer piadosa unida a ella desde su ingreso en el monasterio. En 1281 tuvo su primera experiencia mística; en ella vio a Jesús que le decía: «No temas, te salvaré y te liberaré… Vuélvete a mí y mis delicias serán para ti como el vino». A partir de este momento dejó sus estudios profanos y se ciñó al estudio de las Santas Escrituras. Emprendió una vida contemplativa, plena de experiencias místicas.

Escribió, con perfecta gramática, una obra literaria revolucionaria, pues siendo monja de clausura, abrió los ojos a una sociedad religiosa medieval que no dejaba expresarse a las mujeres. Tradujo textos latinos y griegos e inmortalizó las experiencias místicas de su mentora, Santa Matilde, en *El libro de la gracia especial*. Aunque no sobrevivieron todos sus escritos, se conserva el *Heraldo de la Amorosa Bondad de Dios*, obra compuesta de cinco libros y llamada comúnmente *Revelaciones de Santa Gertrudis*. Todas las experiencias que describe se basan en la figura de Cristo, especialmente en el Sagrado Corazón, y ofrece en ellas una visión optimista de la unión con Dios.

Murió en 1301 o 1302. Su figura pasó desapercibida hasta 1536, año en que se imprimió el Heraldo. Santa Gertrudis fue reconocida como la iniciadora del culto al Sagrado Corazón de Jesús por el papa Inocencio.

Oración

Por tu Corazón herido, querido Señor, traspasa el mío tan profundamente
con el dardo de Tu amor, que ya no pueda más contener cosas terrenas,
sino que sea gobernado tan solo por la acción de Tu divino amor. Amén.

Santa Cecilia

Virgen y mártir, patrona de los músicos
Fiesta el 22 de noviembre

Santa Cecilia nació en Roma en el siglo II en el seno de una familia patricia que la educó en el cristianismo y la casó con Valeriano. El día de la boda, Cecilia se puso a cantar a Dios, pues no quería desposarse con nadie que no fuera Cristo. Pero el enlace concluyó y la joven decidió convertir a su esposo al cristianismo.

En la habitación conyugal, la joven comunicó a su esposo que había hecho votos de virginidad y que la protegía un ángel. «Si me respetas Él te amará», dijo, «pero si me tocas, el ángel se enfurecerá». Valeriano le dijo que si eso era verdad tendría que ver al ángel y respetaría su decisión, pero Cecilia le advirtió que hasta que no purificase su alma con las aguas bautismales no vería y le pidió acudiera al obispo Urbano para acoger a Dios en el bautismo. Cuando Valeriano regresó convertido se encontró con la santa sentada junto al ángel y este rodeó al matrimonio con una guirnalda de rosas y lirios. El joven, sorprendido, contó lo sucedido a su hermano, Tiburcio, que terminó por convertirse también.

Cuando dio comienzo la persecución de cristianos ordenada por el emperador Marco Aurelio, los soldados apresaron a los dos hermanos. Fueron condenados a muerte y, con ellos, murió también un cortesano llamado Máximo que se había convertido al cristianismo al ver en la fortaleza de los jóvenes. Cecilia, que mientras esto sucedía estaba esperando su propio juicio, le dio sepultura y aceptó los hechos. Fue condenada a morir ahogada en la bañera; mas la santa, prodigiosamente, respiró bajo el agua. La siguiente tortura fue sumergirla en agua hirviendo y como también salió ilesa, el prefecto ordenó a un soldado que la decapitara.

Oración

Tú escogiste para ti, desde sus más tiernos años, a Santa Cecilia. Ella te amó a ti, a su familia y a sus semejantes, y con su ejemplo nos señala el camino. Es un faro luminoso en los acantilados del mundo. Se nos muestra joven, hermosa, rica de espíritu y sana. Exhibe valentía, carácter y robustez del alma hasta el punto de entregar su vida. Señor, queremos aprender de ella esa fe y ese valor para vivir nuestro cristianismo sin claudicar nunca. Lo pedimos y lo rogamos, y confiamos en que nunca nos abandonará. Amén.

San Andrés

Apóstol

Fiesta el 30 de noviembre

San Andrés nació en Betsaida, Galilea, en los inicios de la era cristiana. Era hijo del pescador Jonás y hermano de Simón Pedro. Ambos fueron discípulos de San Juan. Cierto día estaba viendo cómo San Juan bautizaba en el río Jordán a los que querían limpiar su alma, cuando Jesús, a quien nadie conocía, pidió ser bautizado. El Bautista exclamó al verle: «¡He ahí al cordero de Dios!». Tales palabras intrigaron a Andrés, que con otro de los discípulos siguió a Jesús. Este, al ver que iban tras él, les preguntó qué querían, a lo que contestaron que deseaban saber dónde vivía. Jesús les invitó a su morada; estuvieron con él dos horas, durante las cuales Andrés comprendió que Él era el Mesías, cuya llegada había sido tan esperada por el pueblo judío. Al volver a su casa le contó a su hermano que el Mesías había llegado. Lo llevó a la casa de Jesús y este lo acogió también como discípulo. Ambos hermanos abandonaron después los bienes terrenales y le siguieron en cada instante de su vida.

Se dice que fue crucificado en Patras, en la griega Acaya, donde había fundado muchas iglesias y convertido a la fe cristiana a cientos de sus habitantes. Algunos opinan que no fue clavado en la cruz, como estiman otros, sino que fue atado a ella y que continuó predicando mientras moría. Otro detalle acerca de su muerte es que su cruz no era en forma de «T», como era habitual, sino aspada y en su iconografía se le representa con ella a cuestas. De hecho, ese tipo de cruz es universalmente conocida con el nombre de cruz de San Andrés.

La pasión de San Andrés, su arresto, la flagelación, su crucifixión y el descendimiento de la cruz han sido representados artísticamente. Y también existen muchas imágenes en su barca con las redes y junto a su hermano San Pedro.

Oración

Señor, tú que llamaste al apóstol San Andrés a dejar las redes
a orillas del mar de Galilea para hacer de él un pescador de
hombres, te pedimos por su intercesión que nos concedas ser
fieles a la vocación apostólica que hemos recibido en nuestro
bautismo. Oh, Bienaventurado, apiádate de nuestras almas
ignorantes y haz florecer en ellas la fe de un buen discípulo,
como San Andrés creyó en ti en todo momento. Por
Jesucristo, Nuestro Señor. Amén.

Santa Bárbara

Mártir, patrona del ejército y de los armeros, pirotécnicos, fundidores,
mineros, bomberos, prisioneros, artilleros y enterradores
Fiesta el 4 de diciembre

Nació en Nicomedia, Turquía, aunque no se sabe la fecha exacta. Su padre, que era
pagano, cuando supo que se había convertido al catolicismo, quiso forzarla a la apostasía. Al no conseguirlo, decidió matarla. Bárbara huyó y se refugió en el interior de
una roca que se abrió ante ella milagrosamente. Después fue capturada por los paganos y sometida al potro, flagelada, desgarrada, quemada y otro sinfín de atrocidades
hasta que se dictaminó su decapitación. Fue su padre quien se encargó de bajar la
espada que cortaría su cabeza. En el instante en que la cabeza fue separada de su
cuerpo, un rayo alcanzó al verdugo que cayó fulminado sobre el cuerpo de su hija.

La imagen de Santa Bárbara aparece asociada al pavo real, símbolo de resurrección
e inmortalidad; también con la espada, símbolo del arma que la decapitó; y con un
cáliz, símbolo de su conversión. A causa del milagroso rayo que fulminó a su verdugo,
es patrona de los armeros, pirotécnicos, fundidores, mineros, bomberos, prisioneros,
artilleros y enterradores.

Oración

Señor, te ruego que por los méritos de tu querida esposa Santa Bárbara,
a quien fortaleció tu Omnipotencia, ilustró tu sabiduría y abrasó tu amor,
me concedas fortaleza para resistir las tentaciones y para conocer y llorar mis culpas;
para que abrasado en tu amor merezca el patrocinio de esta Sagrada Virgen,
y en especial en la hora de mi muerte. Amén.

San Ambrosio

Obispo y mentor de San Agustín
Fiesta el 7 de diciembre

San Ambrosio nació hacia el 340 en Treveris, Alemania. Cuando su padre murió, siendo él aún joven, se trasladó con su madre a Roma y recibió una buena educación. El emperador Valentiniano le nombró abogado y le trasladó a Milán. Estando en dicha ciudad, murió el obispo. Unos apoyaban a un obispo católico y otros querían uno arriano. En el momento de la elección, Ambrosio acudió al lugar y, para su sorpresa, un niño lo propuso como candidato. Todos pensaron que se trataba de una elección divina, pero Ambrosio no podía ser obispo, ya que no estaba bautizado. El emperador ordenó de inmediato al vicario que le convirtiera en cristiano. El santo decidió romper los lazos que le unían al mundo, repartiendo todos sus bienes entre los pobres y dándole a la Iglesia sus propiedades.

Durante la invasión goda de parte de los territorios romanos de oriente, fundió el oro de los cálices para liberar a los prisioneros. También se conoce a San Ambrosio por ser el primer enviado de la Iglesia para intervenir en asuntos políticos: pactó un acuerdo con Máximo de Treveris en favor del emperador Valentiniano II, hijo de la emperatriz Justina. Sin embargo, consumado el pacto, la emperatriz, que era arriana, exigió a San Ambrosio las iglesias, prohibió la religión cristiana y amenazó con la muerte a quien negara el arrianismo. Ambrosio no se amilanó y se negó a abjurar, como le exigía la emperatriz.

A medida que el mundo romano perdía poder, el santo fue dando nueva forma a su mensaje: enriqueció a la iglesia con escritos que dictaba a su secretario, los últimos desde su lecho de muerte.

Oración

Purifícame de todas mis maldades para que pueda recibir menos indignamente tu sagrada comunión. Que tu Cuerpo y tu Sangre me ayuden, Señor, a obtener de Ti el perdón de mis pecados y la satisfacción de mis culpas, me libren de mis malos pensamientos, renueven en mí los sentimientos santos, me impulsen a cumplir tu voluntad y me protejan en todo peligro de alma y cuerpo. Amén.

(San Ambrosio)

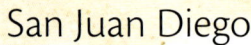

San Juan Diego

Primer santo indígena de la historia
Fiesta el 9 de diciembre

San Juan Diego nació hacia 1474 en el barrio mexicano de Tlayácac, pueblo indígena de Cuautitlán, perteneciente al reino Texcoco. Le bautizaron los primeros franciscanos. Nada más conocer a Cristo, Juan Diego Cuauhtlatoatzin, se entusiasmó con la nueva religión. El sábado el 9 de diciembre de 1531, mientras Juan Diego iba a misa, al pasar por el cerro Tepeyac escuchó el canto de un pájaro tzinitzcan anunciándole que la Virgen de Guadalupe se le manifestaría. A la hora señalada, la Virgen le encomendó comunicar al obispo Juan de Zumárraga que se construyera un templo.

Juan Diego transmitió el mensaje, y no se le creyó, así que la Virgen se le apareció dos veces más y le dijo: «Hijo mío, el más pequeño, esta diversidad de rosas es la prueba y señal que llevarás al obispo».

Juan Diego acudió obispo, y al abrir su abrigo para mostrarle las rosas de la Virgen, descubrieron que la imagen de la Señora se había calcado en el interior del mismo. Entonces el obispo le creyó. Juan Diego pasó el resto de sus días custodiando la tela de su abrigo en la ermita edificada y falleció el 30 de mayo de 1548. El día de su canonización, el 31 de julio de 2002, Juan Pablo II viajó a Ciudad de México para presidir la ceremonia del primer santo indígena de la historia. Durante las primeras décadas tras la aparición mariana en el cerro Tepeyac, los indígenas llamaron a la imagen de la ermita Tonantzin («Nuestra Venerable Madrecita»), igual que a su antigua divinidad de la fertilidad, que habían destruido los conquistadores a su llegada. Más tarde los españoles cambiaron ese nombre por el de Guadalupe, y bautizaron de igual modo a la sierra del lugar.

Oración

Tú que fuiste elegido por Nuestra Señora de Guadalupe como instrumento para mostrar a tu gente y al mundo que el camino del cristiano es uno de amor, compasión, comprensión, valores, sacrificios, arrepentimiento de nuestros pecados, aprecio y respeto por la creación de Dios y por encima de todo, uno de humildad y obediencia. Tú, quien ahora sabemos que estás en el Reino de nuestro Señor y cerca de nuestra Madre, sé nuestro ángel y protégenos, quédate con nosotros mientras luchamos. Amén.

Santa Lucía

Virgen y mártir, patrona de los ciegos
Fiesta el 13 de diciembre

Santa Lucía nació en Siracusa, Sicilia, en 304, en el seno de una familia noble, rica y cristiana. Quedó huérfana de padre y en su adolescencia hizo votos de virginidad. Su madre, sin saberlo, escogió a un hombre pagano para casarla con él. Lucía le suplicó que la dejara casarse con Jesucristo. Como su madre, llamada Eutiquía, sufría una grave enfermedad, la convenció para que fuera a orar a la tumba de Santa Águeda de Catania. La mujer así lo hizo y sanó instantáneamente. Agradecida, Eutiquía anuló el matrimonio y le concedió el deseo de consagrarse a Dios. Sin embargo, el joven que la iba a desposar, ofendido, denunció a Lucía ante Pascasio, en un momento en que la persecución organizada por Diocleciano estaba en pleno auge.

Lo primero que quisieron conseguir de la muchacha fue su abjuración, para lo cual la amenazaron con llevarla a una casa de prostitución. Lucía respondió que el cuerpo quedaba contaminado sólo si la mente era consciente. Esta frase, que provocó la admiración de Santo Tomás de Aquino, muestra su enorme sabiduría y explica que no hay pecado si no se obra voluntariamente. No pudieron llevar a cabo esa sentencia ya que, milagrosamente, los guardias no la pudieron mover del sitio. Intentaron quemarla en la hoguera, pero las llamas se negaron a abrasarla; ciegos de rabia, le arrancaron los ojos, pero eso no impidió que la joven conservara intacta su visión. Finalmente, fue decapitada; aún con la garganta cortada y agonizando, siguió animando a sus fieles para que emprendieran el camino de la fe y la virtud.

Se le representa llevando en la mano derecha la palma de la victoria y en la izquierda un plato con sus propios ojos.

Oración

Oh bienaventurada y amable
Virgen Santa Lucía, universalmente
reconocida por el pueblo cristiano como especial
y poderosa abogada de la vista, llenos de confianza
a ti acudimos, pidiéndote la gracia de que la nuestra
se mantenga sana y le demos el uso para la
salvación de nuestra alma, sin turbar jamás nuestra mente
en espectáculos peligrosos. Amén.

San Esteban

Protomártir y patrón del pueblo
Fiesta el 26 de diciembre

Se desconoce la fecha de nacimiento de San Esteban, el primer mártir de la historia cristiana después de Jesús. Tampoco se sabe cuándo se convirtió, pero sí que fue uno de los siete diáconos o ayudantes de los apóstoles, que se encargaban de los pobres para que aquellos pudieran predicar. Esteban hablaba de Jesucristo tan sabia y elocuentemente que ganaba cada vez más seguidores. Los judíos recelaban de él porque hablaba bien de Aquel al que habían condenado. Discutían con el santo, pero este siempre vencía, hasta el punto que se decía que Dios hablaba por su boca. Cuando le prendieron, fue acusado de haber anunciado la destrucción del Templo por voluntad de Jesucristo y de que este acabaría con las leyes de Moisés. El tribunal le dejó hablar, fascinado con su retórica. Esteban se defendió de las acusaciones y recordó a los judíos su propia historia, acusándoles de oponerse a los profetas enviados de Dios y de matar al más santo de todos, Jesús. Los judíos se encolerizaron al escuchar de Esteban que podía ver el cielo abierto sobre él y al Hijo sentado a la derecha de Dios. Sus perseguidores lo arrastraron fuera de la ciudad y lo lapidaron.

Durante su martirio, el santo pidió perdón al Señor por la conducta de sus verdugos: «Jesús, recibe mi espíritu... Señor, no les tengáis en cuenta ese pecado». Su muerte está datada entre el 32 y el 35 de la era cristiana. Saulo, que más tarde sería conocido como San Pablo, participó en el martirio de San Esteban como asistente de los verdugos. Vio cómo le apedreaban y fue testigo de su entereza.

La celebración de San Esteban siempre ha sido el 26 de diciembre, después de Navidad. Se le conoce como el patrón del pueblo, ya que ofreció su vida para lavar los pecados de la humanidad.

Oración

Señor, que diste al diácono San Esteban un amor ardiente por tu Evangelio y la valentía para proclamar que Jesús es el salvador del mundo, te pedimos que, a ejemplo suyo, prediquemos incansablemente tu palabra, sobre todo con nuestras obras para que, al verlas, los hombres glorifiquen al Padre que está en los cielos. Amén.

ÍNDICE